Irmtraud Tarr

Wie junge Liebe alte Wunden heilt

Rapunzel

Kreuz

Inhalt

*Mein Lieblingsmärchen
von Angela Seifert* 7

Rapunzel 19
Ein Märchen der Brüder Grimm

Der Wunsch nach einem Kind 24

Die ungestillte Sehnsucht der Frau 27

Der Kräutergarten der Zauberin 30

Etwas Frisches und Grünes: Rapunzeln 36

Die Ehe als Arrangement von Pflichterfüllung 42

Begegnung mit der Zauberin 50

Verrat an der Tochter: Entwurzelung 54

Magie der Namensgebung 60

Die Schöne im Turm 64

Goldhaar als schöpferische Kraft 70

Die Botschaft der Stimme 74

Vom Eros getroffen 79

Poesie der Liebe 82

Selbstverrat 86

Im Niemandsland 91

Zeit des Leidens 96

Zweite Hochzeit – neue Verwurzelung 102

Anmerkungen 107

Mein Lieblingsmärchen
Von Angela Seifert

„Es war einmal ... ein kleines Mädchen, ein kleiner Junge, etwa vier, fünf Jahre alt. In dieser Zeit gab es Ereignisse, die das weitere Leben der/des Kleinen bestimmten ...«

So könnte Ihr eigenes Märchen beginnen. Natürlich kann ich es nicht weiterschreiben, weil ich Sie und Ihre Geschichte nicht kenne, doch ich kann aus meinen Erfahrungen als Psychotherapeutin einiges erzählen, was Ihnen hilfreich sein könnte, selbst ein wenig Klarheit in Ihre Lebensgeschichte zu bringen – wenn das Ihr Anliegen ist.

In der Transaktionsanalyse, die der amerikanische Psychiater und Psychotherapeut Eric Berne begründet hat, arbeiten wir auch mit den Lieblingsmärchen aus der Kindheit und den Geschichten, die später im Leben bedeutungsvoll für die/den Betreffende/n geworden sind.

Wenn Sie wollen, können Sie einmal schauen, ob Sie Ihr persönliches Skriptmuster, Ihr Lebensdrehbuch im Märchen *Rapunzel* entdecken.

An welche Ereignisse erinnern Sie sich, als Sie vier oder fünf Jahre alt waren? Wie haben Sie sich damals in der Familie, in der Sie aufgewachsen sind, erlebt? Am besten, Sie schreiben erst einmal alles auf, was Ihnen einfällt.

Und wenn Sie noch ein Übriges tun wollen, um Ihrer Skriptgeschichte auf den Grund zu gehen, empfiehlt es sich, bevor Sie weiter lesen und vor allem, bevor Sie das Märchen noch einmal lesen, eine kurze Inhaltsangabe des Märchens aus dem Gedächtnis aufzuschreiben, nach dem, was Sie davon noch erinnern. Sie soll wirklich nur kurz sein, fassen Sie das für Sie Wesentliche in wenigen Sätzen zusammen.

Falls Sie sich darüber hinaus noch an ein Buch, Theaterstück, Kinofilm erinnern, das/der Sie in der Zeit der Pubertät, also zwischen 12 und 18 Jahren, sehr beeindruckt hat, schreiben Sie auch eine kurze Zusammenfassung davon. Und wenn Sie dann noch Lust zu weiteren Recherchen über Ihren unbewussten Lebensplan haben, überlegen Sie, welche Geschichte Ihnen in den vergangenen zwei bis drei Jahren wichtig war, und verfahren mit ihr wie mit der Zusammenfassung des Märchens und der Pubertätsgeschichte.

Anschließend können Sie schauen, ob Sie ein gemeinsames Thema zwischen dem Märchen und der Geschichte aus den vergangenen zwei bis drei Jahren entdecken. Das Thema der Pubertätsgeschichte wird auch entweder ähnlich sein, oder es zeigt eine Gegenposition auf. Denn die Adoleszenz ist oft eine Zeit der Rebellion, und da konstelliert sich im Heranwachsenden eine Tendenz, das Alte, Vertraute aufzubrechen, die bis dahin abgelehnte Seite – oft ist es die ureigene, die den Eltern zuliebe unterdrückt wird – in das Verhaltensrepertoire mit aufzunehmen. Die Lieblingsgeschichte aus der Pubertät kann also, falls das Lieblingsmärchen aus der Kindheit und die bevorzugte Lektüre aus jüngster Zeit eine Einseitigkeit und damit eine Einschränkung des Lebendigseins aufweisen, die Lösung beinhalten.

Zu einem »richtigen« Drehbuch für das Theater oder für einen Film gehören ganz bestimmte Rollen:
- die Hauptperson, um die sich das Ganze dreht – in den Märchen Held oder Heldin genannt – diese Rolle teilt das Kind natürlich sich selbst zu;
- der Widersacher/die Widersacherin, der/die das Leben erschwert – im Märchen tritt diese Person meist als böser Zauberer, Riese oder als Hexe auf –, die das Kind in der Person erlebt, die hauptsächlich seine Spontaneität einschränkt;
- der Retter/die Retterin – z. B. eine gute Fee, ein alter Weiser, oft übernehmen auch hilfreiche Tiere diesen Part –,

diese Rolle überträgt das Kind manchmal einer lieben Oma oder einem verständnisvollen Opa und anderen Menschen, denen es vertraut.
- Dann gibt es auch noch weitere Personen, die unverzichtbar sind, sowie einige Randfiguren, die dazu beitragen, dass die Geschichte unerwartete Verwicklungen erhält, also spannend ist und nicht allzu rasch zu Ende geht.
- Und natürlich, das Wichtigste bei jedem spannenden Drehbuch: Es gibt am Schluss etwas zu gewinnen, eine Prinzessin oder einen Königssohn, einen Schatz, einen Apfel vom Baum des Lebens, und manchmal sogar das eigene Leben.

Aber die Spannung der Geschichte besteht darin, dass es mittendrin oft so aussieht, als sei dieser Gewinn nicht zu erzielen, als sei er für immer verspielt, als müsste am Ende der Held/die Heldin als Verlierer/Verliererin dastehen.

Es ist eben wie im richtigen Leben, denn Drehbücher jedweder Art werden nach den Erfahrungen geschrieben, die das Leben liefert.

Gerade in den Geschichten der frühen Kindheit, also im Vorschulalter, wird das Thema des weiteren Lebens besonders eindrucksvoll deutlich. In diesem Alter sind Kinder sehr aufnahmebereit für alles, was um sie herum geschieht, sie beobachten genau die Menschen, mit denen sie zu tun haben, vor allem natürlich Mutter, Vater und Geschwister, und sie treffen eine, später meist nicht mehr bewusste, Entscheidung. Zum Beispiel kann ein Kind sich sagen: »Ich werde nie mehr meine Gefühle zeigen«, wenn es erlebt, dass seine Gefühle nicht ernst genommen werden. Und als Erwachsene/r wird dieser Mensch dann als überwiegend rational denkend oder gar als gefühlskalt von anderen wahrgenommen. Oder ein Kind sieht, dass jemand in der Familie oft krank ist und deswegen besonders viel Aufmerksamkeit erhält. Es kann sich vornehmen: »Ich werde auch oft krank sein, dann kümmern sich die anderen um mich.« Oder – das ist manchmal bei einem Kind der Fall, das als jüngstes in einer Familie aufwächst – es spürt, dass Mama es am liebsten immer bei sich haben, es nicht eines Tages hergeben möchte, dann kann es sich vornehmen: »Ich verlasse Mama nie. Am besten, ich werde gar nicht wirklich erwachsen.« Daraus wird möglicherweise ein Mensch, der auch im Alter noch kindlich wirkt und von anderen Menschen, z. B. in seinen Partnerschaften, auf ungesunde Weise abhängig bleibt.

Wir nennen diese Schlussfolgerung, die das Kind aus dem zieht, was es in der Familie erlebt – es gibt natürlich noch viel mehr, als die hier kurz geschilderten – seine »Skriptentscheidung«. Sie ist maßgebend für den, zunächst einmal unbewussten, persönlichen Lebensplan, denn die Gefühlsreaktionen und Verhaltensweisen werden um die entsprechende Entscheidung herum aufgebaut.

Als Vor-Bilder, um so ein »Lebensdrehbuch« innerlich »schreiben« zu können, sucht sich das Kind aus den Geschichten, die es hört, diejenigen aus, die am besten zu seiner jeweiligen Entscheidung passen. Es kann sich mit dem *Rapunzel* identifizieren, wenn es beispielsweise ein sehr lebhaftes Kind ist, das jedoch sehr stark in seiner Bewegungsfreude eingeschränkt wird. Es kann sich dann sagen: »Rapunzel ging es auch nicht besser.« So werden die Märchen und Geschichten, die das Kind in der frühen Kindheit hört, zu Leitbildern für ein bestimmtes Muster, für sein Lebensskript. Es projiziert sowohl seine innere Not, seinen Tatendrang und Veränderungswunsch als auch seine Hoffnung, die Möglichkeit der Erlösung und geistigen Bereicherung auf die Gestalten, die ihm das Märchen vorstellt.

Wenn nun jemand sein Lebensskript kennen lernen will, sind dazu die Märchen aus der Kindheit besonders geeignet, weil in ihnen – im Gegensatz zu den längeren Geschichten eines Buches – nur ein Thema behandelt wird.

Wenn man viele Lebensgeschichten kennen lernt, fällt auf, dass es für ein Kind zunächst in der Regel das Wichtigste ist, seine Eltern glücklich zu machen. Die meisten Kinder tun unheimlich viel für Mama und Papa, wobei dann die Tragik des weiteren Lebens darin besteht, dass sie an dieser »Aufgabe« scheitern. Einem Kind kann es nicht gelingen, dass Mutter und Vater glücklich und gesund sind, dafür können die beiden nur selber sorgen. Zu diesem Zweck kommt das Kind auch nicht auf die Welt. Es wird geboren, um selbst sein Leben zu leben, seinen eigenen Weg zu gehen und sein Glück zu finden. So wie der Held/die Heldin im Märchen. In diesem Märchen wächst das Kind nicht bei seinen Eltern, sondern bei der »Frau Gothel« auf, die seine Patin oder auch seine Großmutter sein könnte. Es gibt ja tatsächlich viele Kinder, die nicht von ihren Eltern großgezogen werden. Für sie könnte dieses Märchen ein Trost sein, denn letztendlich findet Rapunzel ja auch ohne Mutter und Vater sein Glück.

Wären Sie möglicherweise auch gerne öfter bei der Großmutter oder Patin gewesen, haben sich das aber nicht getraut, weil Mama und Papa dann traurig gewesen wären? Oder, falls Sie woanders als zu Hause aufgewachsen sind, haben Sie dies klaglos hingenommen, damit Mama zufrieden mit ihrem/ihrer Kleinen, Papa stolz auf seinen Sohn/seine Tochter ist? Haben Sie vielleicht besonders viel Rücksicht genommen und sich ruhiger verhalten, als es Ihrem Temperament entsprochen hat, wenn Mama wieder einmal Kopfweh hatte oder sehr angestrengt war, weil sie noch weitere Geschwister versorgen oder Geld verdienen musste? Dann haben Sie sich Mama zuliebe selbst in einen »inneren Turm« eingeschlossen. Möglicherweise nahmen Sie sich damals auch vor, schnell selbstständig zu werden und das Elternhaus zu verlassen, um Mama zu entlasten und ihr keine Sorgen zu machen. Vielleicht war Ihr Vater recht stolz auf seine gehorsame Tochter oder auf seinen pfiffigen Sohn und Sie wollten ihn nicht enttäuschen und haben stets nach einer besonderen Lösung für eine schwierige Aufgabe gesucht.

Da kann es natürlich schon zu Überforderungen im zarten Kindesalter kommen, und die Folge davon könnte sein, dass Sie später im Leben die an Sie gestellten Aufgaben zu spät richtig einschätzen und sich aus Angst, etwas zu verpassen, mehr aufladen, als Sie realistischerweise schaffen können. Oder Sie sind als Erwachsene/r froh, endlich der Enge der überfürsorglichen Eltern entronnen zu sein, und gehen jetzt Ihr Tagewerk eher locker an, so nach der Devise »don't worry – be happy«.

Wie auch immer – eine Zeitlang macht es im Leben wenig aus, wenn man sich unter- oder überfordert, doch auf Dauer kann beides zu unangenehmen Folgen führen. Zumindest wird der eigene Lebensgewinn dadurch in Frage gestellt.

Hier wäre also für Sie die Frage nach Ihren Begabungen und Fähigkeiten wichtig. Wissen Sie um alle Begabungen, die in Ihnen angelegt sind, also könnten Sie – im übertragenen Sinne – mit Ihren Haaren jemanden zu sich heran bzw. herauf ziehen? Oder meinen Sie, dass Sie sich keine Sorgen um Ihre Zukunft machen müssen, weil Ihr Schicksal Ihnen schon das für Sie Beste schicken wird? Von *Rapunzel* ist ja nicht zu hören, dass es unglücklich oder traurig in seinem Turm war. Es scheint sich unter der Obhut der »Frau Gothel« ganz wohl gefühlt und diese als Schicksalsfrau angenommen zu haben.

Dieses Märchen zeigt, dass die Annahme des Schicksals nicht einfach nur willenlose Passivität ist, denn *Rapunzel* verschwieg der »Frau Gothel« nicht, dass es sich in einen schönen jungen Mann verliebt hatte, dass also die Zeit ihrer Reife gekommen war.

Wenn *Rapunzel* Ihr Lieblingsmärchen ist, verfügen Sie möglicherweise über das Ur- und Selbstvertrauen, das dieses Mädchen auszeichnet, oder, im Gegenteil, Sie erleben sich oft als ängstlich und mutlos, so dass Sie sich *Rapunzel* als Vor- und Leitbild gesucht haben.

Denn das Thema dieses Märchens heißt »Duldsamkeit und Ausdauer«. Auf den ersten Blick scheinen diese beiden Tugenden nicht mehr in unsere schnelle Zeit zu passen, in der Ichhaftigkeit und Selbstbestimmung groß geschrieben werden. In diesem Märchen lesen wir, dass das neugeborene *Rapunzel* seiner ichhaften Mutter – sie musste unbedingt die Rapunzeln aus dem Garten ihrer Nachbarin haben – weggenommen wurde. Es sollte wohl andere Werte für sein Leben vermittelt bekommen. So wurde seiner Ungeduld, möglichst schnell in die Welt der erwachsenen Frau aufzubrechen, nicht nachgegeben, es musste sogar in einer Wüste noch länger auf sein Glück warten. Erst nachdem es auch diese Prüfung der Fügsamkeit bestanden hatte, durfte es den geliebten Mann umarmen. Wie passt das zu Ihrem persönlichen Lebensthema?

Kann es sein, dass auch Sie als Kind mit Nachgeben und Fügsamkeit bessere Erfahrungen gemacht haben als mit ungeduldigem Drängen?

Oder, im Gegenteil, Vater und Mutter waren wie Antreiber hinter Ihnen her und haben Sie gedrängt, sich stets zu beeilen?

Welche Konsequenz hat der kleine Junge/das kleine Mädchen, der/das Sie damals gewesen sind, daraus gezogen, bzw. welche Entscheidung hat er/es getroffen? »Ich werde einmal ...« – wie geht der Satz für Sie weiter?

Wenn Sie diesen zentralen Satz Ihres Lebensdrehbuchs gefunden haben, auch aufgrund der drei Geschichten, die Sie als Zusammenfassungen schrieben, dann schauen Sie jetzt einmal, ob Sie ihm bisher gefolgt sind und ob Sie ihm weiterhin folgen wollen.

Die so genannte Skriptentscheidung ist für das Kind eine optimale Möglichkeit zur notwendigen Lebensbewältigung. Es fasst den Entschluss ja aus den Gegebenheiten, die es in der Familie vorfindet, in die es hineingeboren wurde. Es hat die Menschen seiner Umgebung bis zu diesem Zeitpunkt gut genug kennen gelernt, um abschätzen zu können, auf welche Art und Weise es größtmögliche Bestätigung und Zuwendung erhält. Denn darauf ist jedes Kind in höchstem Maße angewiesen. Erwachsene brauchen sie natürlich auch, doch in der Kindheit sind Bestätigung und Zuwendung lebensnotwendig.

Insofern ist jede Skriptentscheidung eine kreative, bestmögliche Lösung für das Kind in dem Leben, wie es sich ihm stellt. Erst später merken die Erwachsenen dann oft, dass diese Grundsätze, die das Kind sich damals gegeben hat, heute nicht mehr so recht passen, dass sie das Leben einengen, dass sie eher ein Gefängnis sind als einen weiten Spielraum für die vielfältigen eigenen Lebensmöglichkeiten zu lassen.

Aber das Bekannte bietet Sicherheit, während das Unbekannte erst einmal Angst machen kann. Aus diesem Grund halten dann Menschen manchmal lieber an alten Mustern fest, als sich neuen Erfahrungen zu öffnen.

Im Märchen *Rapunzel* geht es ganz eindeutig um »Zeit zur Besinnung«. Zu Beginn des Märchens wird gezeigt, dass Gier und das schnelle Erfüllen eines Wunsches nicht das bringen, was eigentlich ersehnt wird. Zwar gebiert die Frau ein Kind, doch dieses wird ihr sofort genommen. Dieses Kind nun erhält viel Zeit zum Reifen und es entwickelt sich prächtig, was an seinen langen Haaren zu erkennen ist, die »fein wie gesponnenes Gold« aussehen, also wohl eine starke, feine Kraft besitzen. Aus dieser Kraft heraus kann dann auch die junge Liebe erwachsen.

Und es gibt noch einen ganz wichtigen Punkt anzusprechen: Eric Berne warnte immer wieder davor, einem inneren, unbewussten »Dämon« anheim zu fallen, der alles, was man sich so schön aufgebaut hat, zunichte machen könnte. Hier liegt die Gefahr darin, sich allzu sorglos, naiv und vertrauensselig in das Abenteuer Leben hineinzugeben.

Es ist sehr wichtig, immer wieder zu bedenken, dass zwei starke Kräfte den Menschen bestimmen: die in das Leben hineindrängenden und die das Leben wieder verlassen wollenden. Sigmund Freud nannte sie »Lebenstrieb«, »Libido« und »Todestrieb«, »Destrudo«. Mit beiden Kräften sollten wir bewusst umgehen, denn alles, was unbewusst verläuft, entzieht sich unserer Kontrolle und Steuerung. Leider handeln viele Menschen selbst-destruktiv, weil sie sich nicht wirklich mögen. Gerade für sie könnte dieses Märchen eine große Hilfe sein, weil es zeigt, wie das Leben verspielt werden kann – Rapunzel erzählt naiv und voreilig ihrer Betreuerin, dass der Königssohn bei ihr im Turm war – wenn man nicht liebevoll bezogen auf sich selbst achtet.

Im alten Griechenland jedoch verstand man unter dem »Daimon« eine inspirierende Kraft. Hier ist sie symbolisiert in den langen prächtigen Haaren. Sie haben ja das Märchen auch berühmt gemacht. Da sie eine so starke Wirkung auf die Menschen ausüben, die von diesem Märchen hören, müssen sie Träger der Vorstellung von höchster Kraft sein. *Rapunzel* verliert diese Kraft jedoch auf Grund seiner Ungeduld und Naivität. Es muss danach lange Zeit kümmerlich in einer Wüste verbringen.

Wenn wir in dem Wort »Daimon« aber den »Dämon« sehen, dann bedeutet es zwar die gleiche Kraft, doch eine, die zerstörerisch wirkt. Die größte Stärke, die wir haben, kann zur größten Schwäche werden, und wenn wir meinen, irgendwo eine Schwäche zu spüren, kann insgeheim gerade in ihr eine große Kraft liegen. Das heißt: Uns allen steht ein starker seelischer Energiestrom zur Verfügung, doch müssen wir darauf achten, wie und in welcher Art und Weise wir ihn für uns in Anspruch nehmen, damit er uns dient. *Rapunzel* und der Königssohn bleiben sich auch in der langen entbehrungsreichen Zeit verbunden. Er sucht sie ohne Unterlass, sie gebiert Zwillinge, einen Knaben und ein Mädchen. Diese Kinder symbolisieren die Liebe, die unverbrüchlich ist und um deretwillen Menschen sehr viel ertragen und aushalten können. Wir können mit dieser Energie, der Libido, viel Gutes für uns und andere tun, wir können darauf achten, dass sie unser Leben bereichert und nicht schmälert. So werden wir mit ihrer Hilfe letztendlich zum »Gewinner«. Für das eigene Leben heißt gewinnen: sich ganz individuell, ganz einzigartig, als die und der sie und er gemeint ist, zu entwickeln, alles, was an Begabungen angelegt ist, herauszuholen, zu fördern und schließlich mit sich selbst und der Welt in Einklang und Frieden zu sein.

Um dies zu erreichen, lohnt es sich bestimmt, das Thema und das »Drehbuch« des eigenen Lebens kennen zu lernen, sich also dazu die Geschichten anzuschauen, die uns auf unserem bisherigen Lebensweg begleitet haben.
    Ich wünsche Ihnen für diese spannende Suche viel Neugierde und viel Freude.

Irmtraud Tarr

*Wie junge Liebe
alte Wunden heilt*

Rapunzel

Ein Märchen der Brüder Grimm

Es war einmal ein Mann und eine Frau, die wünschten sich schon lange vergeblich ein Kind; endlich machte sich die Frau Hoffnung, der liebe Gott werde ihren Wunsch erfüllen. Die Leute hatten in ihrem Hinterhaus ein kleines Fenster, daraus konnte man in einen prächtigen Garten sehen, der voll der schönsten Blumen und Kräuter stand; er war aber von einer hohen Mauer umgeben, und niemand wagte hineinzugehen, weil er einer Zauberin gehörte, die große Macht hatte und von aller Welt gefürchtet ward. Eines Tages stand die Frau an diesem Fenster und sah in den Garten hinab; da erblickte sie ein Beet, das mit den schönsten Rapunzeln bepflanzt war, und sie sahen so frisch und grün aus, dass sie lüstern ward und das größte Verlangen empfand, von den Rapunzeln zu essen. Das Verlangen nahm jeden Tag zu, und da sie wusste, dass sie keine davon bekommen konnte, so fiel sie ganz ab, sah blass und elend aus. Da erschrak der Mann und fragte: »Was fehlt dir, liebe Frau?« – »Ach«, antwortete sie, »wenn ich keine Rapunzeln aus dem Garten hinter unserm Hause zu essen kriege, so sterbe ich.« Der Mann, der sie lieb hatte, dachte: eh du deine Frau sterben lässest, holst du dir von den Rapunzeln, es mag kosten, was es will. In der Abenddämmerung stieg er also über die Mauer in den Garten der Zauberin, stach in aller Eile eine Handvoll Rapunzeln und brachte sie seiner Frau. Sie machte sich sogleich Salat daraus und aß sie voller Begierde auf. Sie hatten ihr aber so gut, so gut geschmeckt, dass sie den anderen Tag noch dreimal so viel Lust bekam. Sollte sie Ruhe haben, so musste der Mann noch einmal in den Garten steigen. Er machte sich also in der Abenddämmerung wieder hinab; als er aber die Mauer herabgeklettert war, erschrak er gewaltig, denn er sah die Zauberin vor sich stehen. »Wie kannst du es wagen«, sprach sie mit zornigem Blick, »in meinen Garten zu steigen und wie ein Dieb mir meine Rapunzeln zu stehlen? Das soll dir schlecht bekommen.« – »Ach«, antwortete er, »lasst Gnade für Recht ergehen, ich habe mich nur aus Not dazu entschlossen: meine Frau hat Eure Rapunzeln aus dem Fenster erblickt und empfindet ein so großes Gelüsten, dass sie sterben würde, wenn sie nicht davon zu essen bekäme.« Da ließ die Zauberin in ihrem Zorne nach und sprach zu ihm: »Verhält es sich so, wie du sagst, so will ich dir gestatten, Rapunzeln mitzunehmen, soviel du willst, allein, ich mache eine Bedingung: du musst mir das Kind geben, das deine Frau zur Welt bringen wird. Es soll ihm gut gehen, und ich will für es sorgen wie eine Mutter.« Der Mann sagte in der Angst alles zu, und als die Frau in Wochen kam, so erschien sogleich die Zauberin, gab dem Kinde den Namen Rapunzel und nahm es mit sich fort.

Rapunzel ward das schönste Kind unter der Sonne. Als es zwölf Jahre alt war, schloss es die Zauberin in einen Turm, der in einem Walde lag und weder Treppe noch Tür hatte, nur ganz oben war ein kleines Fensterchen. Wenn die Zauberin hinein wollte, so stellte sie sich unten hin und rief:

*»Rapunzel, Rapunzel,
lass mir dein Haar herunter.«*

Rapunzel hatte lange prächtige Haare, fein wie gesponnen Gold. Wenn sie nun die Stimme der Zauberin vernahm, so band sie ihre Zöpfe los, wickelte sie oben um einen Fens-

terhaken, und dann fielen die Haare zwanzig Ellen tief herunter, und die Zauberin stieg daran hinauf.
Nach ein paar Jahren trug es sich zu, dass der Sohn des Königs durch den Wald ritt und an dem Turm vorüberkam. Da hörte er einen Gesang, der war so lieblich, dass er stille hielt und horchte. Das war Rapunzel, die in ihrer Einsamkeit sich die Zeit damit vertrieb, ihre süße Stimme erschallen zu lassen. Der Königssohn wollte zu ihr hinaufsteigen und suchte nach einer Türe des Turms, aber es war keine zu finden. Er ritt heim, doch der Gesang hatte ihm so sehr das Herz gerührt, dass er jeden Tag hinaus in den Wald ging und zuhörte. Als er einmal so hinter einem Baum stand, sah er, dass eine Zauberin herbeikam, und hörte, wie sie hinaufrief:

»Rapunzel, Rapunzel,
lass dein Haar herunter.«

Da ließ Rapunzel die Haarflechten herab, und die Zauberin stieg zu ihr hinauf. »Ist das die Leiter, auf welcher man hinaufkommt, so will ich auch einmal mein Glück versuchen.« Und den folgenden Tag, als es anfing dunkel zu werden, ging er zu dem Turme und rief:

»Rapunzel, Rapunzel,
lass dein Haar herunter.«

Alsbald fielen die Haare herab, und der Königssohn stieg hinauf.
Anfangs erschrak Rapunzel gewaltig, als ein Mann zu ihr hereinkam, wie ihre Augen noch nie einen erblickt hatten, doch der Königssohn fing an, ganz freundlich mit ihr zu reden, und erzählte ihr, dass von ihrem Gesang sein Herz so sehr sei bewegt worden, dass es ihm keine Ruhe gelassen und er sie selbst habe sehen müssen. Da verlor

Rapunzel ihre Angst, und als er sie fragte, ob sie ihn zum Manne nehmen wollte, und sie sah, dass er jung und schön war, so dachte sie: Der wird mich lieber haben als die alte Frau Gothel, und sagte ja und legte ihre Hand in seine Hand. Sie sprach: »Ich will gerne mit dir gehen, aber ich weiß nicht, wie ich herabkommen kann. Wenn du kommst, so bring jedes Mal einen Strang Seide mit, daraus will ich eine Leiter flechten, und wenn die fertig ist, so steige ich herunter und du nimmst mich auf dein Pferd.« Sie verabredeten, dass er bis dahin alle Abend zu ihr kommen sollte, denn bei Tag kam die Alte. Die Zauberin merkte auch nichts davon, bis einmal Rapunzel anfing und zu ihr sagte: »Sag sie mir doch, Frau Gothel, wie kommt es nur, sie wird mir viel schwerer heraufzuziehen als der junge Königssohn, der ist in einem Augenblick bei mir.« – »Ach, du gottloses Kind«, rief die Zauberin, »was muss ich von dir hören; ich dachte, ich hätte dich von aller Welt geschieden, und du hast mich doch betrogen!« In ihrem Zorne packte sie die schönen Haare der Rapunzel, schlug sie ein paar Mal um ihre linke Hand, griff eine Schere mit der rechten, und ritsch, ratsch, waren sie abgeschnitten, und die schönen Flechten lagen auf der Erde. Und sie war so unbarmherzig, dass sie die arme Rapunzel in eine Wüstenei brachte, wo sie in großem Jammer und Elend leben musste.

Denselben Tag aber, wo sie Rapunzel verstoßen hatte, machte abends die Zauberin die abgeschnittenen Flechten oben am Fensterhaken fest, und als der Königssohn kam und rief:

*»Rapunzel, Rapunzel,
lass dein Haar herunter«,*

so ließ sie die Haare herab. Der Königssohn stieg hinauf, aber er fand oben nicht seine liebste Rapunzel, sondern die Zauberin, die ihn mit bösen und giftigen Blicken ansah. »Aha«, rief sie höhnisch, »du willst die Frau Liebste holen, aber der schöne Vogel sitzt nicht mehr im Nest und singt nicht mehr; die Katze hat ihn geholt und wird dir auch noch die Augen auskratzen. Für dich ist Rapunzel verloren, du wirst sie nie wieder erblicken.« Der Königssohn geriet außer sich vor Schmerz, und in der Verzweiflung sprang er den Turm herab: das Leben brachte er davon, aber die Dornen, in die er fiel, zerstachen ihm die Augen. Da irrte er blind im Walde umher, aß nichts als Wurzeln und Beeren und tat nichts als jammern und weinen über den Verlust seiner liebsten Frau. So wanderte er einige Jahre im Elend umher und geriet endlich in die Wüstenei, wo Rapunzel mit den Zwillingen, die sie geboren hatte, einem Knaben und Mädchen, kümmerlich lebte. Er vernahm eine Stimme, und sie deuchte ihm so bekannt: da ging er darauf zu, und wie er herankam, erkannte ihn Rapunzel und fiel ihm um den Hals und weinte. Zwei von ihren Tränen aber benetzten seine Augen, da wurden sie wieder klar, und er konnte damit sehen wie sonst. Er führte sie in sein Reich, wo er mit Freude empfangen ward, und sie lebten noch lange glücklich und vergnügt.

Der Wunsch nach einem Kind

Es war einmal ein Mann und eine Frau, die wünschten sich schon lange vergeblich ein Kind.

Das Märchen beginnt mit einer Mangelsituation – ein bisher kinderlos gebliebenes Ehepaar wünscht sich sehnlichst ein Kind. Weder über den Grund ihrer Unfruchtbarkeit noch über ihre Beweggründe für ein Kind erfahren wir etwas. Wir erfahren nur, dass für sie existentiell wichtig ist, ein Kind zu haben. Ein Wunsch, der derart in den Vordergrund gerückt wird, klingt nach einem Problem, das sich verselbständigt hat. Wir wissen, dass gerade Paare in Beziehungskrisen oder drohenden Trennungssituationen dazu neigen, die Entscheidung über ihre Zukunft an Sperma und Ei zu delegieren. Und wir kennen die Folgen dieses von der Natur ermöglichten Auswegs – Kinder, die als Retter ihrer Eltern dienen sollen, missbrauchte Kinder, die die ungelösten Fragen »Wer bin ich?«, »Wie gestalte ich mein Leben?« stellvertretend für die Eltern beantworten sollen und damit um ihr eigenes Glück gebracht werden.

Der Mann und die Frau, von denen hier die Rede ist, haben Sehnsucht nach Erfüllung und Lebendigkeit, sie wollen einen neuen Boden schaffen, Zukunft gebären – etwas Drittes soll in ihr Leben kommen – ein Kind. Man kann nun den Blick auf ihren Mangel richten und sich fragen: Warum ist dieser Wunsch so zwingend? Weshalb ausgerechnet ein Kind? Man kann aber auch das Potenzial, das sich in diesem Wunsch verwirklichen will, betrachten, denn jeder Wunsch beinhaltet ein bestimmtes Potenzial. Dieses Potenzial will sich verwirklichen und sich in eine neue Realität hinein entfalten. Das Potenzial, von dem hier die Rede ist, heißt zunächst einmal »Weitung«, Entfaltung, die sie über sich selbst hinausführt. In der Tiefe, die wir als die geistige Wirklichkeit bezeichnen, – Liebe. »Liebe« heißt hier: den Mangel, der herrscht, auffüllen. Insofern könnte man sagen, Mangel ist ein Entwicklungsimpuls. Und diese Impulse gehen auf eigene Sehnsüchte zurück, wobei die Sehnsucht das zugrundeliegende Gefühl ist und der Wunsch nur seine Konkretisierung. Die Botschaft, die wir daraus entnehmen können, hieße: »Folge deiner Sehnsucht.« Sie ist der zentrale Antrieb unseres Lebens, sie bringt den Strom des Lebens voran. Viele Menschen wissen nicht mehr, wonach sie sich sehnen, weil sie erstickt sind an den Programmen, die sie zu erledigen haben, weil sie zuviel darüber nachdenken, wie sie zu sein haben.

Mann und Frau in unserem Märchen wollen also aus der Enge ihrer Beziehung herauswachsen, sie wollen sich verwandeln über etwas Neues. Ein Kind soll die Erweiterung ihrer bisherigen Lebensform mit sich bringen. Solche ersehnten Wunschkinder kennen wir aus Märchen, in denen es sich um königliche Eltern, um Träger hervorragender Kräfte handelt, die einen Thronfolger brauchen. In manchen Märchen, wie etwa »Daumesdick« oder »Hans mein Igel«, ist der Wunsch so brennend, dass die Eltern sogar ein missgestaltetes Kind in Kauf nehmen. Hier ist aber von einfachen, bürgerlichen Leuten die Rede, die sich nach einem Kind sehnen, das ihre Not wenden und ihre Sehnsüchte stillen soll.

Was kann solch eine Ausgangslage für ein Kind nun bedeuten? Zunächst einmal etwas, das wir uns alle wünschen, nämlich: gewollt und willkommen zu sein hier auf dieser Erde – ein ersehntes Wunschkind. Wenn aber ein Kind von vornherein das Glück der Eltern sein soll, besteht natürlich auch die Gefahr der Überforderung, nämlich als Lebensinhalt der Eltern zu dienen, Zentrum der alleinigen Aufmerksamkeit zu sein und damit Erwartungen nach Erfüllung ausgesetzt, die eine eigenständige Entwicklung im Keim ersticken können.

Ich denke hier an manche meiner Patientinnen, die unter dem Stern »Wunschkind« aufwuchsen und dies wie einen Fluch empfanden, der sie ständig unter Druck setzte, besonders gut sein zu müssen, oder ihnen das Gefühl vermittelte, egal was sie taten oder wie gut sie es taten, niemals gut genug zu sein. Oder sie waren vergiftet von Wut durch das ständige Gefühl, gelebt zu werden statt selbst zu leben, weil sie spürten, dass ihre Eltern es auf ihre Kosten taten. Ich kenne aber auch andere, die dieses Gewünschtsein und das damit verbundene herzliche Willkommensein wie ein Kapital empfinden, das ihnen auch in Krisensituationen, bei Enttäuschungen oder Ablehnung so etwas wie einen unzerstörbaren Boden liefert, der trägt, weil man, wie ein Patient so schön sagte, »niemals ganz fallen kann«.

Die ungestillte Sehnsucht der Frau

... endlich machte sich die Frau Hoffnung, der liebe Gott werde ihren Wunsch erfüllen.

Schien es anfänglich, als sei der Kinderwunsch das gemeinsame Anliegen des Paares, so kristallisiert sich nun heraus, dass die Hoffnung auf ein Kind wohl hauptsächlich Sache der Frau ist. Sie scheint derart verzweifelt zu sein, dass sie auf die magische Hilfe des »lieben Gottes« hofft, er möge ihren Herzenswunsch erfüllen. Das klingt zunächst nach kindlicher Frömmigkeit, denn was bleibt ihr schließlich, als zu hoffen und auf die Hilfe Gottes zu vertrauen? Vielleicht hat sie sogar zum ersten Mal in ihrem Leben begriffen, dass es Dinge gibt, die wir nicht »machen« können, weil sie ein Geschenk oder gar eine Gnade sind. Ein Kind können wir nicht einfordern oder uns verdienen. Es gibt kein Recht darauf. Wir können davon träumen und uns auf das Abenteuer »Kind« vorbereiten, aber aus einer Haltung der Demut. Vielleicht ist es Demut, die wir bei dieser Frau spüren, und wenn wir das Wort übersetzen, heißt es ja »mit dem Mut dienen«. Oder anders gesagt: Sie beugt sich, weil sie begriffen hat: »Dein Wille geschehe.« Ihr Mann kann ihr in dieser Situation nicht weiterhelfen, deswegen sucht sie den vermissten Schutz und Halt bei Gott Vater, um so Kraft und Hoffnung zu neuem Leben zu gewinnen.

Hier deutet sich womöglich auch eine Sehnsucht an, die zur Geborgenheit eines Kindes zurückfinden will. Sie wäre dann eine Frau, die gegenüber den Schwierigkeiten des Lebens Sehnsucht nach kindlicher Geborgenheit und nach Geliebtwerden verspürt, die sich danach sehnt, selbst ein Kind zu sein, und Sehnsucht nach der eigenen Mutter hat. – Was könnte das uns Frauen heute mitteilen, die wir gelernt haben, nicht in Kindern, Männern oder von außen Heilung und Veränderung zu erwarten, sondern begonnen haben, auf eigenen Füßen zu stehen und unsere eigenen Kräfte und uns selbst aufzuwecken?

Betrachten wir die soziale Situation der Frau im Märchen: In einer Gesellschaft, die den Lebenssinn und die schöpferische Kraft von Frauen allein im Gebären von Kindern sah, in der sich jeder noch als Glied einer Kette fühlte, die nicht abreißen durfte, musste diese Frau sich als Versagerin sehen. Es muss für sie eine Schande gewesen sein, denn wenn sie kinderlos blieb, hatte sie nichts, bedeutete sie nichts, war sie nutzlos. So kam zu ihrem persönlichen Schmerz auch noch der Druck der Gesellschaft hinzu, der ihn vertiefte. Denn zu dem Leid der Selbstverachtung musste sie auch noch die Verachtung von außen ertragen, zumal Kinderlosigkeit als Verschulden gegen die Sippe empfunden wurde. Hinzu kam die nüchterne Tatsache, dass Kinder zu jenen Zeiten unbedingt da sein mussten, um ihre Eltern im Alter zu versorgen, und das religiöse Brauchtum forderte, dass immer ein Überlebender der Familie da sein musste, der die Totenwache für den scheidenden Angehörigen hielt.

Sehen wir uns ihren Kinderwunsch aber noch etwas genauer an. Überall auf der Welt gab und gibt es diesen Wunsch, Leben weiterzugeben, die Sehnsucht nach etwas Eigenem, nach Kontinuität, nach Liebe und Wärme. Schon im Alten Testament finden wir das Thema Kinderwunsch und den Schmerz der Kinderlosigkeit überaus häufig, man denke an Sara, Rebekka und Rahel. Aber im Rapunzel-Märchen ist etwas anders. Hier ist es nicht der Mann, der mit Gott hadert und um Nachwuchs fleht, sondern die Frau.

Sie braucht ein Kind für ihre Existenz, so dass man tatsächlich den Eindruck hat, als gehe es um ihr Leben oder um ihre Errettung. Man könnte sie vielleicht vergleichen mit einer Frau unserer Zeit, die um jeden Preis ein Kind wünscht und dafür bereit ist, jeden möglichen medizinisch-technischen Eingriff an sich vornehmen zu lassen. Weshalb sie aber so dringend ein Kind wünscht, können wir dem Text bisher nicht entnehmen. Vielleicht lautet die Antwort schlicht: aus Mutterliebe. Aber vielleicht gibt es auch andere Motive. Wir können also nur fragen: Ist es aus einem unerträglichen Gefühl der Leere? Oder: Gibt es unüberwindbare Schwierigkeiten in ihrem Leben, die sie nun in einem anderen Leben lösen will? Will sie durch ein Kind leben, weil sie selbst nicht leben kann? Gibt es Lücken in ihrem Leben, die sie schließen muss? Möchte sie sich einer Aufgabe hingeben, die ihre ureigene ist?

Auf alle Fälle haben wir eine Frau vor uns, die eine schmerzende Lücke in ihrem Leben fühlt. Was sie tut, tut sie, aus welchen Gründen auch immer, für sich, für ihr Leben und ihre Erfüllung. Dafür kämpft sie auf verschiedenen Ebenen – mit ihrem hungernden Körper, mit ihrem Aussehen, mit ihrer Frömmigkeit, mit ihrem Verlangen und ihrer Gier.

Der Kräutergarten der Zauberin

Die Leute hatten in ihrem Hinterhaus ein kleines Fenster, daraus konnte man in einen prächtigen Garten sehen, der voll der schönsten Blumen und Kräuter stand; er war aber von einer hohen Mauer umgeben, und niemand wagte hineinzugehen, weil er einer Zauberin gehörte, die große Macht hatte und von aller Welt gefürchtet ward.

Betrachten wir die Ausgangslage einmal unter örtlichen Gesichtspunkten: ein bürgerliches Heim, in dessen Hinterhaus sich ein kleines Fenster befindet, durch das das Paar in den Garten einer Zauberin hinunterschauen kann. Mann und Frau wohnen mit dem Rücken zu diesem Garten, dessen Pracht durch eine hohe Mauer umgeben ist, so dass sie anderen weder zugänglich noch einsehbar ist. Die hohe Mauer ist die jüngere Bezeichnung für die hohe Nusshecke, die wir in manchen Märchen finden. Ihr wird aufgrund ihrer kosmischen Schwingungen der Schutz vor negativen Kräften von außen zugeschrieben. Etwas Geheimnisvolles, Faszinierendes und fast Erschreckendes geht von dem Garten aus – auf ihm liegt ein Tabu, »Betreten verboten«. Demnach muss es sich hier um etwas Heiliges, Kostbares handeln, das geschützt werden soll. Ein »Heiliger Hain«, der nicht ohne Folgen betreten werden darf. In der Märchenliteratur findet sich das Motiv des Gartens als Tabuort häufig, stets birgt er auch Jenseitsgestalten, die im Besitz positiver oder negativer Kräfte sind. Wie im Urmodell des paradiesischen Gartens Eden hat sein Betreten immer gravierende Folgen für die Betroffenen. Nach Tacitus ist der »Heilige Hain« die Wiege des Volkes, ein hohes Sinnbild der Fruchtbarkeit, die sich in seinen prächtigen Blumen, Früchten und guten Kräutern offenbart. Besonders die Kräuter galten ja zu jenen Zeiten als bewährtes und wirksames Schwangerschaftsmittel, nebst Wasser, Eiern und Äpfeln.

Wofür steht dieser geschützte Garten? Zunächst bedeutet das Bild, dass es sich um etwas Gewachsenes handelt, zugleich um ein Stück Kultur – ein Raum, in dem etwas gedeihen kann, weil er von Grenzen umgeben ist. Damit sich die Pracht des Gartens entfalten kann, sind Hecken notwendig, die Schatten, Zuflucht und Schutz vor Zerstörung bieten. Grenzen ermöglichen Wachstum und sind lustspendend. Beziehen wir dieses Symbol auf eine größere Dimension – unseren Kosmos als Weltgarten –, bedeutet das womöglich, dass er uns nur dann zum Leben dient, wenn wir uns auf die Gesetze von Wachstum und Vergänglichkeit einlassen. Das ist womöglich eine Anspielung darauf, dass wir angehalten sind, der Natur die Grenzen und das Maß abzulauschen, statt sie unserer Gier zu unterwerfen. So betrachtet, ist der ummauerte Garten auch ein Gegenbild gegen den maßlosen Heißhunger, mit dem Rapunzels Mutter sich Erlösung durch ein Kind verspricht.

Der Garten, den man als Symbol vom Glückstraum auffassen kann, ist aber auch eine Umschreibung für seelisches Wachstum.[1] In diesem Märchengarten hütet eine Zauberin das seelische Wachstum. Aufschlussreich ist, dass die Eltern diese magische Kraft der Hüterin in ihrem Rücken und nicht im Visier haben und nur durch ein kleines Fenster die Pracht ihrer Früchte wahrnehmen. Sie sind der Zauberin ziemlich wehr- und hilflos ausgeliefert, weil sie ihr nie direkt begegnen, sondern nur von hinten ihre Wirkung spüren. – Wir wissen, dass wir all dem, was uns von hinten her begegnet, weit hilfloser ausgeliefert sind, als wenn wir uns direkt damit konfrontieren.

Welche seelische Bedeutung hat diese besondere örtliche Ausgangslage? Wenn wir die beiden Welten dieses Hauses – seine Hinterhaus- und seine Vorderhauswelt – als Analogie zu unserem menschlichen Bewusstsein nehmen, ließe sich folgern, dass wir zum seelischen Wachstum Zugang zu beiden Welten unserer Doppelnatur brauchen. Um vertraut zu werden mit unserer eigenen Wahrheit, mit unseren Gefühlen, Empfindungen, unseren Sehnsüchten, Hoffnungen, Ängsten und Träumen, müssen wir in beiden Welten zu Hause sein. Solange wir eine Wirklichkeit ausklammern, bleiben wir in unbewusster Gefangenschaft und können uns nicht voll der Liebe hingeben, auch wenn wir noch so guten Willens sind. Wenn wir nur den hellen Teil unseres Wesens kennen, sind wir nicht heil, nicht ganz. Aber nichts fürchten wir so sehr wie den Blick in unsere »Hinterhauswelt«, in unsere andere, unsere Schattenseite, unser Unbewusstes – den Bereich des Nicht-Gesehenen und dennoch Gelebten. Diese tiefverwurzelte Angst hat auch ihre Berechtigung; denn, wie das Märchen sagt, »die Zauberin hatte große Macht«, also diese andere Seite unseres Wesens hat viel Macht über uns, besonders, wenn wir nicht hinschauen, das heißt, wenn wir sie verdrängen, abspalten, meiden oder fürchten.

Die Zauberin und Kräuterfrau hat nicht nur große Macht, sie wird deswegen auch von der ganzen Welt gefürchtet, was wohl im Sinne von Ehrfurcht oder Achtung zu verstehen ist. Denn sie ist die heilige Alte im heiligen Hain, die die Fruchtbarkeit hütet und daher von allen gesucht und verehrt wird. Bei den Germanen wurden solche Frauen, die sogenannten Idisen, als Hebammen geachtet, als Urgestalten und Vertreterinnen der Muttergottheit verehrt. Erst später, in christlicher Zeit, wurden sie als Hexen oder Zauberinnen gefürchtet und verfolgt. Haga-zussa – Hagreiterin, wie der ursprüngliche Ausdruck für Hexen lautet, trifft im wahrsten Sinne des Wortes auf die Kräuterfrau unseres Märchens zu, denn sie lebt in der Tat umgeben von einem

Hag aus Nusssträuchern, abgesondert und unabhängig als Hagreiterin, das heißt Grenzgängerin zwischen den beiden Welten des Diesseits und Jenseits.[2] Als Kräuterfrau nimmt sie von dem, was die Natur hervorbringt, und ist ausgestattet mit Heilwissen und den besonderen Kräften, mit denen sie über Eros, Fruchtbarkeit und Schönheit wacht und die Gesetze der Natur schützt. Als Herrin des reichen Blumen- und Kräutergartens geht sie nicht von sich aus auf die Menschen zu, man muss sie aufsuchen, denn sie hat ihren Ort. Dort lebt sie verbunden mit den Pflanzen, mit Wachstum, Wandlung und Erneuerung, mit dem Dunklen und dem Tod. Sicher weiß sie auch um die Ursachen des ausgebliebenen Kindersegens, denn sie kennt die Gesetze der Natur und verfügt auch über deren Heilkräfte. Man kann wohl auch annehmen, dass sie mantische, also seherische Fähigkeiten hat, was vielleicht aus ihrer Nähe zur Natur und ihrer Offenheit gegenüber den Mächten des Unbewussten herrührt. Erich Neumann sieht diese Fähigkeiten generell tief im Wesen der Frau angelegt, weil ihr Bewusstsein von den abstrahierenden Formen männlichen Denkens weniger überlagert ist.[3]

Es ist reizvoll, noch ein wenig im Blumen- und Kräutergarten der Zauberin zu verweilen, denn solch ein Garten berührt etwas in uns, das nach Magie riecht. Einen Kräutergarten kennen zu lernen ist wie sich verlieben: Kräuter schließen geheime Türen unserer Seele auf. Sie sind Gaben des Himmels, Kostbarkeiten der Schöpfung, die uns verzaubern. Die verschiedenen Düfte entführen uns in würzige Eukalyptuswälder, Limonen- und Orangenhaine, Rosenspaliere und Geißblattlauben. Wie viele unserer Erinnerungen und Stimmungen sind mit Düften verbunden! Wie oft wünscht man sich, sie einzufangen oder wie einen Geist aus der Flasche zu befreien, um den eigenen Wohnraum in einen Rosengarten zu verwandeln! Gibt es denn Heimeligeres als einen Kräutertee aus dem eigenen Garten? Und wie sehr befriedigt es, eine Grippe mit selbst gezogenen Kräutern wegzuzaubern. Nicht von ungefähr spricht Maria Treben vom Kräutergarten als der Apotheke Gottes.[4] Denn es gibt wohl kaum einen Ort, an dem das wechselseitige Geben und Nehmen zwischen Natur und Mensch derart lustvoll und heilbringend Gestalt annimmt. Diese duftenden Kostbarkeiten haben etwas Himmlisches. Keine Pflanze gleicht der anderen, jede ist eine eigene Duft- und Würzpersönlichkeit, jede hat ihre eigene Seele. Kräuter sind Energieträger oder Energiespeicher, sie beleben und regen die Selbstheilungskräfte des Menschen an. Nicht von ungefähr haben Kräutergarten die Priester, Heiler und Alchimisten zu allen Zeiten und an allen Orten der Welt angezogen. Als ein Sinnbild des Kosmos bietet der Kräutergarten überschaubare, aus der wilden Natur ausgegrenzte Natur, die uns nicht ängstigt, weil sie nichts Gigantisches oder Monumentales hat. Die mütterliche Natur solch eines Gartens führt uns vielmehr an Ursprünge, die uns mit Geborgenheitsgefühlen belohnen. Das klingt nach Magie und Zauber, entzieht sich aber letztlich jeder Deutung. Für mich ist der Kräutergarten ein Symbol für Heilung und Glück. Er bringt Pflanzen hervor, die unsere Sinne beleben, verführen, reizen und stärken und uns die Differenzierung unserer Wahrnehmung üben lassen. Der Kräutergarten ist gestaltgewordenes Bild für Heilung, Trost, Lust und Spiel mit der Natur. Der Mensch ist darin ein Gast, dem die Natur ihre Vitalität zur Verfügung stellt.

In Anlehnung an C. G. Jung ließe sich der Garten der Kräuterfrau als Symbol des kollektiven Unbewussten verstehen, als Ort der Erfahrung von Schrecken und Bezauberung, aus dem die Seele ihre Energien herbezieht. So betrachtet, hat Rapunzel dann auch eine noch tiefere Bedeutung – sie ist nicht nur das heißhungrig begehrte Lustobjekt der Mutter, sondern Seelensubstanz, ja Seelenkeim neu entstehenden Lebens.[5]

Fassen wir zusammen: Der Garten ist Metapher des Unbewussten, die Kräuterfrau Hüterin dieses fruchtbaren Reiches, zu dem die Eltern bisher nur durch ein kleines Fenster in Beziehung traten. Das andere, »jenseitige« Reich ihrer Seele blieb ihnen unheimlich und fremd. Solange sie diese dunkle, schlummernde Seite aber nicht kennen, leben sie einseitig, in unbewusster Gefangenschaft, und ihre Liebeskraft kann sich nicht voll entfalten. Sie sind wie verzaubert, verhext. Um in die Tiefe ihres schöpferischen Seins zu gelangen, steht ihnen die Auseinandersetzung mit diesem tiefgründigen weiblich-sinnlichen Aspekt ihres Wesens bevor.

Der Zustand der Unfruchtbarkeit der Eltern gewinnt auf diesem Hintergrund eine noch tiefere Dimension. Wann ist eine Beziehung unfruchtbar? Wenn das Bewusstsein ausgetrocknet ist, weil das befruchtende Wasser aus dem Unbewussten nicht zugelassen wird. Die Erlebniswelt hat dann zu wenig Zugang – lediglich ein kleines Fenster – zu jenem unermesslichen Reich, das eine Beziehung lebendig und fruchtbar macht. Ist die Beziehung womöglich ausgetrocknet, weil sie nie so lebendig war, wie die beiden es sich gewünscht und ersehnt hatten? Wir wissen es nicht, aber wir erfahren, dass sich ihr Unbewusstes meldet – als Forderung nach Ergänzung, nach Anderswerden, nach Lebendigkeit und Inhalt – durch ein Kind.

Etwas Frisches und Grünes: Rapunzeln

Eines Tages stand die Frau an diesem Fenster und sah in den Garten hinab, da erblickte sie ein Beet, das mit den schönsten Rapunzeln bepflanzt war; und sie sahen so frisch und grün aus, dass sie lüstern ward und das größte Verlangen empfand, von den Rapunzeln zu essen. Das Verlangen nahm jeden Tag zu, und da sie wusste, dass sie keine davon bekommen konnte, so fiel sie ganz ab, sah blass und elend aus.

Erst im Zustand der Schwangerschaft wendet die Frau sich diesem eigentümlichen »Garten« zu und entdeckt dort etwas, das ihren Heißhunger entfacht – frische Rapunzeln. In ihrer »Hinterhauswelt« gibt es also etwas, das ihr fehlt, das sie dringlichst begehrt. Die Gier, mit der sie Rapunzeln ersehnt, zeigt, dass ihr etwas Wesentliches fehlt, und nicht nur ihr, auch ihrem Kind. Es ist ein bekanntes Phänomen, dass Frauen während der Schwangerschaft von mitunter seltsamen Nahrungsgelüsten heimgesucht werden. Das kann eindeutig physiologische Gründe haben, weil ein Mangel an gewissen Nährstoffen vorhanden ist.

Oft haben solche Nahrungsgelüste aber auch symbolischen Charakter, als Beruhigung oder Trost angesichts aufkommender Ängste oder als Stärkung im Hinblick auf die bevorstehenden Geburtsschmerzen. Manchmal lässt sich auch beobachten, dass Frauen in der Schwangerschaft von Kindheitserinnerungen heimgesucht werden, in denen bestimmte Nahrungsmittel Tröster und Retter in Not oder

Einsamkeit waren. Eine Schwangerschaft führt uns nicht nur zurück in die eigene Kindheit, sie lehrt uns auch manches zu verstehen, manche Verdrängung aufzuspüren, und vor allem konfrontiert sie uns mit alten Sehnsüchten und der Problematik von Wiederholungsängsten. Das Glück der Kindheit, das sich bei so vielen nur zur Bitterkeit über seinen Verlust entstellt hat, wird lebendig in der Schwangerschaft, und sie ist geradezu dazu prädestiniert, alte trostreiche Kinderszenen heraufzubeschwören, Sehnsüchte an die Oberfläche zu befördern und uns mit Inhalten zu konfrontieren, die eng mit dem eigenen Werdegang in Zusammenhang stehen.

In unserem Märchen fällt auf, dass das Verlangen dieser Frau mehr ist als nur Lust oder Appetit. Da ruft etwas in ihr derart stark und unmissverständlich wie ein werdendes Kind nach Leben und verträgt keinen Aufschub. Es klingt wirklich so, als würde es dieser Frau mit den Rapunzeln um ein »Entweder-Oder« oder vielmehr um Leben oder Sterben gehen. Daraus könnte man folgern, dass die Gier nach den Rapunzeln im Grunde das Verlangen nach ihrer »Rapunzeltochter« symbolisiert. So wie sie ihre Gier hier erlebt, so wird sie vielleicht auch das Dasein ihres Kindes erleben, als etwas, das für ihr Leben existentiell notwendig ist – als ein Muss, ohne das sie nicht leben kann.

Wie kommt es zu solch einer über die Ebene von Appetit oder Hunger hinausgehenden Gier? Damit kommen wir erneut auf das Thema, das wohl bisher ihr Leben beherrscht haben muss – Mangel. Gier entsteht nur, wo vorher Knappheit war. Ihre Gier wird auch näher bezeichnet, sie sehnt sich »nach Frischem und Grünem«. Die Frau hat also Sehnsucht nach etwas Neuem, Anderem, Lebendigem, vielleicht sogar Außergewöhnlichem, was verständlich ist, wenn man sich die Enge der Lebensverhältnisse vergegenwärtigt, in denen sie sich mit ihrem Mann eingerichtet hat. Aber neben diesem durchaus gesunden Anteil steckt in der Gier auch der

Aspekt des Sich-Einverleibens, eine Haltung, die das Ermöglichen von neuem Leben eher versperrt als fördert. Dieser Aspekt bleibt zunächst undeutlich, aber im Laufe der Geschichte stellt sich heraus, dass diese Gier mit dem Haben-Wollen zusammenhängt und mit dem Wunsch, sich Qualitäten eines Dritten einzuverleiben, um zu etwas Eigenem zu kommen. Diese Symptome sind Ausdruck einer Bewegung rückwärts, in jene Phase früher Unbewusstheit, die Freud oral nennt.

Typischerweise neigen viele Frauen in schwierigen Situationen oder an Wendepunkten ihres Lebens, wo sie mit dem Weitergehen zögern, zu solchen Rückwärtsbewegungen, manchmal einfach, um noch einmal eine Atempause einzulegen oder auch um Überforderungen und Ängste zu bewältigen. Jedenfalls sind solch starke orale Verlangen immer Signale, die auf Entwicklungsaufgaben und Entwicklungsängste hinweisen.

Wenn wir uns in die Frau hineinversetzen, so finden wir in ihr vielleicht ein Mädchen, das nicht ermutigt wurde, dem keiner das Zutrauen gab, dass sie jemand werden könnte, die es deswegen nicht gelernt hat, etwas Gescheites mit sich selbst anzufangen, und nur durch andere leben kann. Vielleicht wurde sie aufgefressen von den Bedürfnissen und Erwartungen der anderen, weil ihr niemand beibrachte, sich selbst zu vertreten. Aus diesem Grund ist ihr Wunsch, nur endlich »zuzubeißen« und zu essen, was ihr schmeckt, ein sehr verständlicher, vitaler Lebensimpuls. Wie kann sie ihre Sehnsucht nach Leben stillen? Wie kann sie das Fehlende in sich entwickeln? Wie kann sie ihren Mangel füllen? Angesichts solcher Fragen verfällt sie ins Klagen, in die Selbstbestrafung und das demonstrative, Mitleid erheischende Leiden, indem sie »ganz abfiel«, um ihren Hunger nach Leben auch an ihrem abgemagerten Körper auszudrücken. Sie wählt den Verfall des Körpers, um ihrem Leiden eine Sprache zu geben, eine mächtige Sprache, wenn wir bedenken, welche Wirkung von Hungerstreiks ausgeht und in welchen Situationen Menschen zu diesem Mittel der Verzweiflung greifen.

Wenden wir uns dem Objekt ihrer Begierde zu: den Rapunzeln. Da sie erst als Schwangere eine Gier danach entwickelt, kann man folgern, dass dieses Verlangen nicht zufällig da ist, auch das werdende Kind in ihr braucht die Nährstoffe dieser Pflanze. Beide brauchen etwas, das im Besitz der Zauberin ist. In dieser »Hinterhausfrucht« wohnt das Geheimnis des Verborgenen, das Geheimnis der Seele, das Geheimnis des Unbewussten – ein magisches Mittel, das ein Kind zu seinem Gedeihen braucht, um ein heiles und vollständiges Wesen zu werden – um ganz zu werden.

Es liegt nahe, anzunehmen, dass es sich um die uns als Feldsalat bekannte Rapunzel (valerianella locusta) handelt. Die sprachliche Herkunft der Rapunzel führt ins Lateinische zu »radice puntia«, eine Art Baldrian, das als Heilmittel zur Beruhigung verwendet wurde. In älteren Fassungen des Märchens taucht auch der Name »Fenchel« auf, was zumindest den Hinweis gibt, dass es sich um eine Pflanze mit starken Wurzeln handelt. Bei Max Lüthi finden wir den Vermerk, dass es sich bei der Rapunzel vermutlich um eine eher seltene blaublühende Rapunzel-Glockenblume (campanulus rapunculus) handelt, die wie der Feldsalat als Gartenpflanze kultiviert wurde.[6] Sie besitzt saftige grüne Blätter und eine dicke fleischige weiße Wurzel. Meines Erachtens widerlegt der weitere Verlauf des Märchens Lüthis Vermutung. Ich glaube nicht, dass es sich in diesem Märchen um eine seltene Blume handelt, sondern eher um die uns als Feldsalat bekannte Wild- und Gartenpflanze, zumal es im Text später ja auch heißt, dass die Frau sich einen Salat daraus zubereitete. Versteht man diese Pflanze sinnbildlich als Keim für das ersehnte Kind, aus der es seine Urenergien bezieht, so ist es sehr aufschlussreich, dass der volkstümliche Name dieser Rapunzel »Sonnenwirbelchen« war. Ein Sonnenwirbelchen soll zur Welt kommen. Klingt das nicht geradezu magisch und verheißungsvoll? Ein vielversprechender Name für ein Mädchen, der schon darauf hindeutet, dass dieses Kind ein besonderes sein wird, was sich ja dann auch zumindest äußerlich in seinem prächtigen Goldhaar zeigt – ein Zeichen besonderer Schönheit.

Es gibt aber noch weitere Hinweise hinsichtlich des Gebrauchswertes und der Form der Rapunzel, die auf interessante Analogien zu dem werdenden Kind hindeuten. Wie eine Schwangerschaft, so braucht auch das Rapunzelkraut etwa neun Monate, bis es im Frühjahr geerntet werden kann. Aus einer Rosette, die sich im Winter bildet, treten Stengel hervor, die sich kreuzgegenständig verzweigen. Die Bedeutung dieser Rapunzel wurde schon früh natursichtig erkannt. Ihr wurden besondere Kräfte und Wirkstoffe nachgesagt, da sie den harten Winter schadlos überstand. Darauf weist auch ein alter Rat, der aus dem Erzgebirge stammt: »Fresst nur recht Rapundika, sinsten kimmt kä Mensch derwa!« So kann man folgern, dass die Rapunzel auch als magisches Mittel dienen sollte, dem Kind besondere schützende und heilsame Kräfte einzuverleiben. Kindliche Nahrungsphantasien spielen hier bestimmt auch eine Rolle, nach denen man durch die Aufnahme bestimmter Nahrung zu dem wird, was man isst. Oder wie Ludwig Feuerbach postulierte: »Der Mensch ist, was er isst.«

Auch die Form der Rapunzel ist eindrücklich und lässt besondere Fähigkeiten vermuten. Ihre Blätter sind gegenständig, polar angeordnet, das heißt, sie bilden ein Kreuz, da sie in einem Winkel von 90 Grad zueinander stehen. Das Zeichen der Rapunzel ist also das Kreuz. Aus der Geschichte wissen wir, dass die Verehrung von Kreuzformen schon alt ist, man denke beispielsweise an die Sonnenräder der Inder oder der Etrusker, und dass die kreuzblättrigen Pflanzen der Muttergottheit besonders heilig waren, da sie als Symbol der Vereinigung des Männlichen mit dem Weiblichen – als Fruchtbarkeitssymbole – galten. Daher vielleicht auch der Name »Sonnenwirbelchen« als Einheit der empfangenden, weiblichen Waagerechten mit der schöpferischen, männlichen, aktiven Senkrechten als Einung der polaren Gegensätze. Aus der Spannung zwischen diesen beiden Polen entstehen »Wirbel«, das heißt Leben, Unruhe, Kunst, Schöpferkraft, die den Menschen nach den Sternen greifen und neue Welten erobern lässt, um schließlich zum urmütterlichen Grund zurückzugehen, wie Faust zu den »Müttern«. Wie heißt es so schön: Wer Weisheit erfahren will, muss zu den Müttern gehen. Noch ein letzter Gedanke zu unserem »Signum Rapunzelum«.[7] Die Rapunzel hat Verbindung zur Erde durch die kräftigen Wurzeln und Verbindung zum Himmel durch das frische Grün. Diese Zwiefachpflanze ist damit auch ein ausdrucksstarkes Symbol für das Thema Verwurzelung und Sehnsucht nach Neuem. Die Eltern dieses Rapunzelkindes sind Verwurzelte, verhaftet und verstrickt in Tradition und Vergangenheit. Ihnen fehlt das Grüne, Frische, daher ihr Verlangen nach Leben, das sich in der Rapunzel ausdrückt. Aber, um ein »kint zu gewinnen«, wie es im Mittelhochdeutschen heißt, genügt der Zeugungsakt allein nicht, es braucht auch den Segen höherer Mächte und den Beistand der Natur.

Die Ehe als Arrangement von Pflichterfüllung

Da erschrak der Mann und fragte: »Was fehlt dir, liebe Frau?« – »Ach«, antwortete sie, »wenn ich keine Rapunzeln aus dem Garten hinter unserem Hause zu essen kriege, so sterbe ich.« Der Mann, der sie lieb hatte, dachte: eh' du die Frau sterben lässest, holst du ihr von den Rapunzeln, es mag kosten, was es will. In der Abenddämmerung stieg er also über die Mauer in den Garten der Zauberin, stach in aller Eile eine Handvoll Rapunzeln und brachte sie seiner Frau. Sie machte sich sogleich Salat daraus und aß sie in voller Begierde auf. Sie hatten ihr aber so gut, so gut geschmeckt, dass sie den andern Tag noch dreimal soviel Lust bekam. Sollte sie Ruhe haben, so musste der Mann noch einmal in den Garten steigen, er machte sich also in der Abenddämmerung wieder hinab ...

Welcher Mann würde nicht eingreifen, wenn seine Frau von solch einem unstillbaren Verlangen gequält ist, dass sie sogar mit dem Tod droht? Will er nicht ihren Tod verschulden, so bleibt ihm gar keine andere Wahl, als sich ihrem Wunsch zu fügen. Wie hätte er dem existenziellen Leiden seiner Frau entgehen sollen? Denn sie hatte Erpresserisches an sich; woher, das wollen wir noch offen lassen. Zumindest können wir jetzt schon annehmen, dass beide Opfer ihrer engen Verhältnisse und sicher auch zugleich Opfer ihrer Ahnen sind. Wie vielleicht schon Generationen vor ihm, übernimmt er in dem Moment, wo sie zu Eltern oder zur Familie werden, die traditionelle Rolle der hilfreichen, pflichtbewussten »Mutter«, weil er sie durch sein Eingreifen zwar einerseits rettet, auf der anderen Seite aber auch verhindert, diese Qualitäten selbst in sich zu entwickeln, Kräfte, die sie brauchte, um sich mit ihrem Verlangen auseinander zu setzen und in ihre Rolle als reife Frau hineinzuwachsen. Statt aktiv für sich zu sorgen, fällt sie zurück in ein Muster ihrer Kindheit, sich bemuttern zu lassen, Leid und Schmerz zu vermeiden, und dadurch muss sie in neue Probleme geraten. »Schwanger werden, heißt das Kind in sich sterben lassen«, kommentiert Wolf Büntig die Herausforderung, die mit einer Schwangerschaft einhergeht. Dieses Märchen handelt aber von den Gefahren des Steckenbleibens und Sich-Verlierens, denn die Frau weicht ihrer Entwicklungsaufgabe aus, ein anderer soll für sie handeln. Ihr Mann soll die Verantwortung übernehmen. Sie zieht die Vorrechte des Klein-Seins und Abhängigseins vor und lässt ihren Mann in die Tiefe des Gartens hinuntersteigen, um die begehrten Rapunzeln zu holen.

Ihr Verhalten ist typisch für viele Frauen. Sie leidet unter ihrem Verlangen, fühlt sich aber nicht imstande, sich selbst das Begehrte zu verschaffen. Er soll ihr die Rapunzeln beschaffen, was ja auch heißt, er soll ihren Hunger nach Liebe und Geborgenheit stillen, oder er soll ihr eine gute Mutter sein. Damit macht sie sich abhängig von ihm, denn sie übergibt ihm die Verantwortung für die Erfüllung ihrer Wünsche. Sie wagt es nicht, für sich selbst einzutreten, was ja auch heißt, für die eigenen Wünsche gerade zu stehen, und benutzt auch nicht ihre eigenen Hände, um »ins Leben zu greifen«. Statt dessen macht sie sich klein, weil sie sich an ihn ausliefert und die Wünsche für ihr Leben auf ihn abwälzt. Ein typischer Satz solch einer Frau könnte lauten: »Er soll mich glücklich machen.« So sorgt sie dafür, dass sie in vieler Hinsicht selbst noch ein Kind bleiben darf.

Wie kommt es zu solch einem Muster? Es ist wohl typisch

für Frauen, die in ihrer eigenen Kindheit kaum selbst Kind sein durften und nicht genügend bemuttert wurden. Dieser Mangel kann sich dann festmachen an dem Wunsch nach einem eigenen Kind, den man wohl hauptsächlich als Wunsch begreifen kann, in die eigene Kindheit zurückzukehren und endlich das zu erhalten, was an Liebe, Nähe, Wärme und seelischer Nahrung damals so gravierend mangelte. Man könnte sagen: Je weniger eine werdende Mutter selbst Kind sein durfte, desto mehr wird sie bestrebt sein, ihrem Kind eine bessere Kindheit zu bereiten. Dieses Übermaß an gutem Willen und Besser-machen-Wollen kann sich als schwere Last für die Seele eines Kindes auswirken und bei der Mutter zu einem Gefühlsstau führen, der letztlich eine Wiederauflage alter Enttäuschungs- und Abhängigkeitsgefühle bedeutet. Das fruchtbarste Klima zum Gedeihen der Mutter-Kind-Beziehung entsteht nicht durch ein Übermaß an Bemühung, sondern entwickelt sich dann am ungestörtesten, wenn die Mutter »genügend gut« ist – also sie braucht nicht »sehr gut« zu sein. Diese Erkenntnis hat der Kinderpsychoanalytiker D. W. Winnicott in seinen Untersuchungen immer wieder belegt.

Beschäftigen wir uns etwas näher mit dem Mann. Was ist eigentlich seine Rolle in dieser Konstellation? Es fällt auf, dass man eigentlich überhaupt nichts über ihn erfährt, außer dass er sich aufs treueste bemüht, die heißhungrigen Wünsche seiner Frau zu erfüllen, nicht aus Einsicht oder Überzeugung, sondern eher in einer untertänigen Demutshaltung. Weder nutzt er die Gelegenheit, sich abzugrenzen oder einfach nein zu sagen, noch versucht er mit ihr zu verhandeln oder in die aktive Auseinandersetzung zu treten. Wo bleibt er mit seinen eigenen Gefühlen, Empfindungen oder Meinungen – seinem Standpunkt? Das einzige, was wir über ihn erfahren, ist sein Mitgefühl oder Mitleiden mit seiner Frau und die Kraft seines Ertragens, die man nicht unterschätzen sollte. Aber außer seinen Reaktionen auf sie bekommt man wenig von ihm zu spüren, so dass die Frage im Raum steht, ob nicht die ungestillten Sehnsüchte seiner Frau damit zusammenhängen, dass er sie gefühlsmäßig »verhungern« ließ.

Man möchte weiterfragen im Hinblick auf Rapunzel, was es für sie wohl bedeutet, einen Vater zu haben, der zwar sehr pflichtbewusst und guten Willens ist, gefühlsmäßig aber von vornherein als nicht greifbar zu betrachten ist? Liegt hier nicht im Keim schon eine Konstellation, die eine Ablösung von der Mutter und eine Hinwendung zum Vater verhindert? Beziehungsweise die Ursache für eine blinde Überhöhung oder Idealisierung des Vaters, die wir häufig bei Kindern antreffen, deren Väter nicht wirklich greifbar sind und somit kein reales Korrektiv für die Wahrnehmung ihrer Kinder bieten.

Jedenfalls bekommt man den Eindruck, dass er auf der pragmatischen Ebene alles für seine Frau tun würde, aber auf der Gefühls- und Empfindungsebene bleibt er wie nicht-existent – ein gutwilliger, hilfreicher, pflichtbewusster Erzeuger einer Tochter, der aber sein eigenes Profil nicht zeigt und daher zwar ein loyaler Gefährte, aber kein nährendes, vitales Gegenüber seiner Frau sein kann. Heißt das nun, dass er einer dieser Väter ist, die sich in Familiendingen in die Nichtverfügbarkeit zurückgezogen haben, oder verkörpert er das Gegenteil vom starken Helden – einen schwachen Mann, der eine beherrschende Frau braucht? Oder hat er resigniert, weil er gelernt hat, dass alles, was er tun kann oder will, sich unter ihren Bewertungen als falsch erweist, dass er neben ihr keine andere Chance hat?

Wie wird eine Ehe geartet sein, die derart gekennzeichnet ist durch Pflichttreue, Verantwortung und Fürsorge? Gewiss spielt das Thema Abhängigkeit eine entscheidende Rolle. Die Abhängigkeit der beiden geht sogar so weit, dass er, wenn er nicht die begehrten Rapunzeln bringt, an ihrem Tod schuldig würde. Sie macht ihn also verantwortlich für ihr Leben, und er kommt dieser Verantwortung pflichtschuldig nach. Es findet kein Dialog zwischen den beiden statt, sie benutzt ihren hungernden Körper als Druckmittel, und er verfällt ins blinde Handeln nach dem Motto »Koste, es, was es wolle«. Was fehlt, ist ein gegenseitiges Sich-Einfühlen, Verstehen, obwohl es heißt, dass er sie lieb hatte. Aber es scheint, dass dieses Liebhaben bei den beiden eher zu einem Pflichtarrangement geraten ist als zu einem wechselseitigen Begehren oder reifen Lieben. Denn schließlich gilt ihr Verlangen nicht ihm, sondern den Rapunzeln im Garten. Er soll zwar ihr Verlangen stillen, aber nicht durch sich selbst als ihr Mann, sondern durch einen Ersatz, der ihr »dreimal so viel Lust« bereitet.

Wie kommt es zu solch einer Ehe, in der die Frau den Mann nur noch zum Handlanger ihrer Bedürftigkeit macht? Sicher hat es mit der »Hinterhausthematik« dieser beiden zu tun, die sie bisher nur durch einen Spalt zugelassen haben. Ihnen fehlt die Erkenntnis, dass die Grenze zur Schattenwelt in ihnen selbst liegt. Erst wenn wir das begreifen, überwinden wir vielleicht das Zerstörerische in unserem Tun und finden heraus, auf welchem Pfad wir ungefährdet weitergehen können.

In den altindischen Upanishaden spricht Chanogya Upanishad von dieser Erkenntnis: »Aller Welten und aller Wünsche wird der teilhaftig, der dieses Selbst findet und erkennt... Wer diese Brücke überschreitet, wird sehend, wenn er blind war, wird heil, wenn er verwundet war, wird gesund, wenn er krank war.«[8]

Wenn weite Teile der Seele unterdrückt oder nicht gelebt werden, beginnt man früher oder später ein Doppelleben zu führen, oder man tut heimlich das, was man sich nicht offen zu zeigen wagt. Die Verdrängung und Verleugnung negativer, aber ebenso auch positiver Gefühle und Impulse in den Bereich des Unbewussten führt nicht etwa zu einem Verschwinden dieser vitalen Energien, sondern dazu, dass die unbewussten Archive überquellen, mit Macht nach außen drängen und schädigend wirken, weil die Inhalte zu toxisch sind und zu wenig »entsorgt« werden. Unser Leibgedächtnis verliert nichts, und wir alle brauchen den Schutz der Verdrängung, aber das Verdrängte, wenn es in zu großem Maß wuchert, führt zu einem Druck, der sich mitunter gewaltsam entlädt. In diesem Märchen haben wir es mit Eltern zu tun, deren unbewusste Reservoire nur wenig Ausdruck finden – nur ein kleines Fenster haben sie sich gestattet; sie haben sich beide nicht mit ihrem Schatten auseinandergesetzt, und die Dunkelheiten sind von ihnen nicht gelebt worden. Deswegen sind sie ihnen in besonderer Weise ausgeliefert, denn irgendwann muss einmal die Summe ungelebter Dunkelheiten gelebt werden. Ihre Bewältigung und das Vertrautwerden mit diesen letztlich kreativen Schattenimpulsen bedarf des gegenseitigen Vertrauens und des Mutes, sich die eigene Seelennot zuzugestehen, sowie auch eines integrierenden sozialen Netzes. Beides scheint nicht vorhanden zu sein, weder die Anerkennung des anderen in seiner eigenen vollwertigen Persönlichkeit mit seinen hellen und dunklen Seiten, noch ein liebevolles Umfeld, wo sie Erfahrungen der Tröstung, der Beruhigung und der Unterstützung erhalten. Auf sich selbst gestellt, haben sie statt dessen gewählt, sich mit kleinen Schlucken des Lebenselixiers zu begnügen. Aber beide wissen auch, dass es mehr gibt als das, dass sie nicht mit dem auskommen, was ihr Leben ausmachte.

Und nun ist der Punkt da, wo sie Liebe und Erlösung von außen erwarten. Bisher haben sie wahrscheinlich wenig hingeschaut auf das, was sie voneinander trennt und was sie miteinander verbindet, und dadurch haben sie sich womöglich gegenseitig verhungern lassen. Das heißt vielleicht auch, dass sie ihre Sinnlichkeit und Sexualität verkümmern ließen zur Pflichterfüllung, zum reproduktiven Akt. Er sieht in ihr die werdende Mutter anstelle der Geliebten und Frau, und sie hat seine Männlichkeit als Mittel zum Zweck benutzt, um ihrem Leben einen Inhalt zu geben. Damit wird das Unbewusste als Potenzial zunehmend unzugänglicher, die Träume gehen verloren, und was bleibt, ist ein wechselseitiges Arrangement aus Ängstlichkeiten, Abhängigkeiten und Launen, bis hin zu einer verkümmerten zweckgerichteten Sexualität. Eine Zweckehe, in der das gelebt wird, was die beiden nicht sehen wollen. Hier trifft C. G. Jungs Satz: »Was du nicht bewusst berührst, geschieht dir als Schicksal.« Die Kunst, als Paar zu leben, heißt nun einmal auch: hinschauen auf das, was trennt, was verhindert, und auf das, was möglich wäre und ganz wichtig – auf die Stimme und Vitalität des Herzens.

Auf dem Hintergrund dieses Ehearrangements erhält die weibliche Gier nach den Rapunzeln noch eine weitere Bedeutung. Die Frau steckt in einer Krise des »Verhungerns«, ihre Ehe scheint als Lebensgrundlage nicht mehr auszureichen. Das, wofür sie gelebt hat, scheint ausgezehrt. Körper und Seele sind verhungert. Sie hat nicht gelernt, mit eigenen Händen ins Leben zu greifen. Eine durch Verzicht verengte Lebensführung ist ans Ende geraten. Dieser Daseinshunger macht sich fest an den Rapunzeln. Als Symbol der Regeneration ihres Lebens, als »Sonnenwirbelchen« erwecken sie Wünsche und erlauben ihr, den eigenen Hunger und die Sehnsucht nach »Sonne« und Bewegung zu artikulieren. Geht man noch einen Schritt weiter, so repräsentieren die Rapunzeln ihre Einstellung zu ihrem Kind, das ihr als »Nahrungsmittel« oder Sonnenschein für ihr ausgehungertes Leben dienen soll. Eine »Rapunzel-Beziehung« ließe sich auf die Kurzformel bringen: Mutterundtochter. Das Paar oder die Einheit, um die es dabei geht, heißt Mutter und Tochter, und zwar in dem Sinn, dass die Tochter Mutters Sonne zu sein hat. Sie soll die Existenz der Mutter regenerieren, sie soll ihren Daseinshunger stillen, ihr Wärme spenden, das heißt dem Leben der Mutter Sinn, Inhalt und Fülle geben. Ein typischer Satz für eine Rapunzelmutter könnte lauten:

»Sei du meine Sonne«, oder: »Niemandem fühle ich mich so nahe wie meiner Tochter.« Statt der Liebe zum Mann rückt die Liebe zur Tochter in den Mittelpunkt der Gefühle.

Begegnung mit der Zauberin

... als er aber die Mauer herabgeklettert war, erschrak er gewaltig, denn er sah die Zauberin vor sich stehen. »Wie kannst du es wagen«, sprach sie mit zornigem Blick, »in meinen Garten zu steigen und wie ein Dieb mir meine Rapunzeln zu stehlen? Das soll dir schlecht bekommen.« – »Ach«, antwortete er, »lasst Gnade für Recht ergehen, ich habe mich nur aus Not entschlossen: meine Frau hat Eure Rapunzeln aus dem Fenster erblickt und empfindet ein so großes Gelüsten, dass sie sterben würde, wenn sie nicht davon zu essen bekäme.«

Während die Frau ganz ihrem Rapunzelverlangen hingegeben ist, erschrickt der Mann gewaltig vor der Alten, die ihn plötzlich und unvorhergesehen bei seinen nächtlichen Beschaffungen ertappt. Es ist das zweite Mal, dass wir ihn als schreckhaft erleben, erst angesichts des unstillbaren Verlangens und des Leidens seiner Frau und nun erneut in der Begegnung mit der Kräuterfrau. Erschrocken zu sein ist das Eingeständnis, nicht aufmerksam gewesen zu sein. Meist erschrickt oder überrascht uns etwas, dessen langsames Heranreifen oder dessen Abwesenheit wir übersahen oder überhörten, entweder weil wir nicht den Mut hatten hinzuschauen, oder weil wir Alarmsignale nicht ernst nahmen. Und selbst wenn wir manche Gefahren durchaus ahnen, hindert uns oft die Angst, sie uns einzugestehen. Die unberechenbare weibliche Gefühlswelt, diese wesenhaft andersartige Welt als die des Männlichen, die das Reich des

Unbewussten beherrscht, ängstigt ihn wohl zutiefst. Er wollte seiner Frau einen Liebesdienst erweisen, und nun erfährt er Erschrecken und Sprachlosigkeit.

Ist es nicht aufschlussreich, dass es nicht die Frau, sondern wie in so vielen Märchen der Mann ist, der vor der Gestalt der Hexe erschrickt? Aus der Tiefenpsychologie wissen wir, dass all das, was uns fasziniert, packt oder erschreckt, Projektionen eigener unbewusster Inhalte oder Schattengestalten darstellt. Hier tritt also das weibliche Unbewusste in Gestalt der Zauberin in Erscheinung. Sie verkörpert die Unentrinnbarkeit des Kreislaufes der Gegensätze, das Rätsel um Geburt und Tod. Er ist sprachlos und erschauert, was man auch als innere Schau auffassen kann angesichts der Erkenntnis von Werden und Vergehen, angesichts der Paradoxie von Fruchtbarkeit, Leben und Tod. Für die Frau ist dieses Erschrecken nicht nötig, denn sie ist im Erdhaft-Dunklen die Stärkere. Sie weiß um das schöpferische Geheimnis der Polarität und steht der Einheit mit der Natur näher. Deswegen wird sie durch die Zwiespältigkeit, das Sinnbild der Zauberin, in der Regel weniger erschüttert.

Hier nun ist die Zauberin der fehlende Gegenpol des einseitig rational ausgerichteten, unentwickelten Seelenzustandes des Mannes. Aus dem bisherigen Verlauf des Märchens können wir annehmen, dass er in oberflächlichen Pflichtgefühlen und männlich rationalen Scheinwerten verstrickt gelebt hat und vielleicht aufgrund seiner Erziehung wenig Anteil an den weiblichen Schattenanteilen hatte. Aber alles, was nicht gelebt wurde, muss einmal gelebt werden. Irgendwann musste er wohl und gewiss nicht zufällig durch eine Hexe, die im Erdhaft-Dunklen zu Hause ist, mit diesen abgespaltenen Aspekten des weiblichen Prinzips in Berührung kommen. Gerade die ungelebten Teile unserer Seele machen ja nicht nur Angst, sondern sie üben auch eine ungeheure Anziehungskraft aus. Es ist, wie wenn ein Sog von ihnen ausginge, der uns reizt, erregt und provoziert.

In der Auseinandersetzung mit der Zauberin, dem Kampf mit seiner Schattenseite, wird er aufs äußerste herausgefordert und gezwungen, sich zu stellen und weiterzuentwickeln. Die Zauberin als Verkörperung der Lebenszeit und der Fruchtbarkeit, die allen Dingen zur Reife verhilft, weiß sofort Bescheid, was der Diebstahl der Rapunzel soll. So prophezeit sie mit ihren intuitiven Kräften sofort das Kind. Ihr Wissen hat sicher zu tun mit ihrer besonderen Situation an der Grenze zwischen den »Welten«. Ihr Wesen ist die Wandlung, und als solche wacht sie über die positiven Aspekte der Entwicklung, oder umgekehrt gesagt, sie ist die Feindin des Stillstandes, des Verharrens in der Unfruchtbarkeit. Metamorphose, Wandlung sind ihre Gaben, durch die sie den Menschen zu neuen Herausforderungen und Aufgaben bringt. Wandlung erschließt sich dem Schauen, dem Erschauern, dem Nach-innen-Schauen, dem Erschüttertwerden angesichts der Macht des Unbegreifbaren. Stärker als durch das Glück lernt der Mensch wohl durch das Leid, durch die Erschütterung. Sie bringen ihn auf den Weg, wenn er sich vergangen hat in den Schlingen von Selbstgerechtigkeit, Stillstand und Oberflächlichkeit.

Eng mit dem Erkennen ist auch das Schuldigwerden verknüpft, denn schließlich hat der Mann ein Tabu gebrochen. Denken wir an die vier universellen Tabus – Mord, Diebstahl, Lüge, Inzest. Unter jedem dieser Tabus liegt ein Wert, den es zu schützen gilt. Der Mann hat das Tabu des Eigentums verletzt und gerät in Bedrängnis unter der Drohung der Zauberin. Dies zeigt, wie Tabuverletzungen den Menschen aus geborgenen sozialen Zusammenhängen hinausschleudern können und zu schmerzhaften Verwirrungen oder Erkenntnissen führen. Sämtliche Werte, die er bisher gelebt hatte, seine Sittsamkeit, Korrektheit, Verstandeskraft brechen zusammen, und er unterwirft sich ihr, fleht um Gnade und ist zu allem bereit, um sein Leben zu retten, selbst wenn er dabei sein ungeborenes Kind preisgibt. Es ist bequem, Menschen zu verurteilen, weil man ihre Handlungen missbilligt. Aber wer will darüber den Stab brechen, dass er sich schuldig machte, zumal er ja das Gute wollte für seine Frau und sein Kind?

Aus der Menschheitsgeschichte wissen wir, dass Bewusstseinserweiterung immer auch mit dem Wagnis von Tabuverletzungen einhergegangen ist. Man könnte sogar sagen, dass wir unser heutiges Bewusstsein und unsere Erkenntnis der Sachverhalte auch der Kühnheit, Tabus zu brechen, verdanken. Es stellt sich die Frage, ob wir uns zu unserem heutigen Wissen emporgerungen hätten, wenn nicht Eva den Apfel der Erkenntnis gepflückt oder Pandora die verschlossene Büchse geöffnet hätte. Es ist jedenfalls nicht unwichtig, den Mut hervorzuheben, den der Mann bewiesen hat, wenn er das Tabu des heiligen Hains brach.

Verrat an der Tochter: Entwurzelung

Da ließ die Zauberin in ihrem Zorne nach und sprach zu ihm: »Verhält es sich so, wie du sagst, so will ich dir gestatten, Rapunzeln mitzunehmen, soviel du willst, allein ich mache eine Bedingung: Du musst mir das Kind geben, das deine Frau zur Welt bringen wird. Es soll ihm gut gehen, und ich will für es sorgen wie eine Mutter.« Der Mann sagte in der Angst alles zu ...

Die Strafe der Hexe reicht weit und ist gnadenlos. Sie lässt dem Vater etwas widerfahren, das an die Grenze des Erträglichen geht.

Wie in einer Explosion mündet das Ganze in einen Pakt zwischen dem Mann und der Hexe, der er widerspruchslos sein zukünftiges Kind verspricht, um ihr ungestraft zu entkommen.

Aus zahlreichen Überlieferungen, nicht zuletzt auch aus Goethes *Faust*, ist uns bekannt, dass um Heldinnen und Helden stets ein besonderer Geburtsmythos rankt. Entweder werden sie wie hier auf Grund eines Paktes weggegeben, ausgesetzt wie beispielsweise Mose oder verfolgt wie Jesus oder Ödipus. In der Tat ist es höchst aufschlussreich, wie jemand über seinen Geburtsmythos berichtet, denn die Reiseroute, die wir ins Leben einschlagen, hat bei uns allen viel damit zu tun, wie wir unsere Geburt verarbeiten. Hinsichtlich des Umgangs mit Raum, Zeit und Beziehungen und vor allem hinsichtlich der Frage: Wie nährt mich mein Leben? spielt die Verarbeitung unseres ersten Wendepunktes – unserer Geburt – eine fundamentale Rolle. Rapunzels Antwort auf die Frage: Wie fühlte ich mich empfangen? würde wohl lauten: »Gleich nach der Geburt wurde ich einer Zauberin übergeben, der ich versprochen war, um das Leben meines Vaters zu retten.«

Der Vater war demnach nicht in der Lage, seine Tochter zu schützen. Die Angst um sein Leben war stärker als der Mut, sich für sie einzusetzen, sie zu verteidigen, geschweige denn in den Kampf mit den dunklen Kräften der Hexe zu treten, um seine Tochter – das positive Weibliche – zu retten. Also ein Vater, der sein Kind, die Frucht seiner Beziehung zu seiner Frau, opfert, um selbst ungeschoren davonzukommen.

Ein Kind, dessen Welt die Bindung an die Eltern ist, wird verlassen, bevor es sich von seinem Vater lösen kann. »Nicht ich, sondern mein Vater ist von mir fortgegangen«, würde Rapunzel weitererzählen. Wo bleibt solch ein Kind, dessen Welt zur Unwelt wurde?

Und ich frage mich, wie ein Vater, der das tun musste, weiterleben kann. Diese grausame Entscheidung, die sich gar nicht leben ließe, wenn man nicht die Gewissheit hätte, dass trotz aller Dunkelheiten alles seinen Sinn hat, könnte man als Bestätigung für die anfängliche Vermutung werten: Die Eltern brauchten ihr Kind, um ihr eigenes Leben zu retten. Oder anders gesagt: Man verspricht dem Dämon das Kostbarste, was man besitzt, um von ihm loszukommen. Die Entwicklungsängste und -probleme, die die Eltern zu lösen hätten, werden damit von vornherein an das werdende Kind weitergereicht. Ihr Gefängnis wird dem Kind aufgebürdet. Das Kind soll das elterliche Uneingelöste mit seinem Dasein einlösen. In dem Maß, wie Eltern unbewusst handeln, müssen ihre Kinder leiden. Das ist wohl das Los der Menschheit überhaupt. Ich möchte betonen, dass es hier nicht darum geht, die Eltern zu verdammen, sondern darum, Probleme zu benennen und nach kreativen Möglichkeiten zu suchen, sie in Herausforderungen zum Wachstum zu verwandeln. Oft erkennen wir, wenn wir uns mit den positiven und negativen Gefühlen für unsere Eltern auseinandersetzen, dass sie es schwerer hatten als wir selbst.

Der besondere Geburtsumstand Rapunzels ist wohl dazu angetan, ihrem wachsenden Leben von vornherein eine besondere Grundprägung und Färbung zu geben. Es gibt wohl kein Leben ohne Mangel. Viele Menschen können ihren Mangel nur ahnen, weil er nicht sichtbar ist, bei Rapunzel ist der Mangel offenkundig: Ihrem Leben wurde der Mangel an Heimat, Geborgenheit und Aufgehobensein sozusagen in die Wiege gelegt.

Wie viele Kinder kommen zur Welt, um ihre Eltern von ihren eigenen Hexen und Dämonen zu erlösen? Für wie viele Eltern ist es immer wieder ein Ausweg aus ihrem Dilemma, dass sie wenn schon nicht mit ihrem eigenen Leben, so doch vielleicht mit dem Leben ihrer Kinder ihre uneingestandenen, unbewältigten Lernaufgaben zu lösen versuchen! In der Sprache von Betroffenen, die ich aus meiner Praxis kenne, drückt sich das oft so aus: »Ich fühle mich wie besetzt«, »wie besessen«, »blockiert«, »wie ein Opfer«, »zu brav und immer überfordert«. Die Arbeit mit diesen »Opfern« läuft letztlich immer auf das gleiche Ziel und auf die gleiche Frage hinaus: Was brauche ich wirklich? Sie müssen lernen, die eigene Natur und Schönheit wieder zu entdecken, ihr eigenes Wesen aus der Verbannung zurückzuholen, zu pflegen, zu stärken und zu entwickeln.

Die Bedingung hierfür ist, wie uns das Rapunzel so eindrücklich zeigt, die *Entwurzelung*[9]. Was macht das für einen Sinn? Ich greife hier auf Lüthis Stilanalyse von Märchen zurück, der aufzeigt, dass die Heldenfigur in Märchen oft als eine gezeigt wird, die in der Isolation und Allverbundenheit lebt. Das Thema der Entwurzelung finden wir nicht nur in Märchen. Es ist eine uralte Erfahrung der Menschheitsgeschichte und nicht zuletzt auch ein biblisches Thema, wenn wir an die Jesusgeschichte oder an die Mosegeschichte denken, der als Ausgesetzter bei fremden Eltern aufwächst. Dieses Entwurzeltsein, so können wir folgern, löst einen alchimistischen Verwandlungsprozess aus, bei dem sich das Niedere in das Höhere umwandeln kann. Aber die Bedingung dafür ist, dass sich die Helden von der menschlichen Gesellschaft und deren Spielregeln für eine gewisse Zeit entfernen – zum Außenseiter werden.

Was bedeutet das nun für uns? Wenn wir das Eigene in uns finden wollen, brauchen wir den Raum für eigene Erfahrungen, Orte, an denen unsere eigenen Sinne gebraucht werden und etwas gelten. Vielleicht können wir es nur im Alleinsein finden – jenes Glück, verschieden zu sein, statt uns nötigen zu lassen, frei zu sein von den Strategien der Warenwelt, frei von kollektiven Wachstums- und Glücksprogrammen.

Unter dieser Voraussetzung gewinnt der Verrat des Vaters an die Hexe eine neue Dimension. Wer jemals versucht hat, seine Seele in eine Form zu pressen, seinen Körper in ein Korsett zu zwingen oder den Erwartungen nach Erfüllung anderer zu dienen, für den kann es ein Segen sein, wenn sich eine neue Pforte öffnet, das heißt eine neue Lebensmöglichkeit auftut. Vielleicht ist der Bruch hart, wenn es so früh geschieht wie bei Rapunzel, die gleich nach der Geburt der Hexe übergeben wurde, aber zumindest bleibt sie verschont von weiterem elterlichem Missbrauch. Wichtig scheint mir auch, dass die Hexe selbst bereit ist, von ihrem Leben und ihrer Erfahrung abzugeben, zu teilen, wenn man sie braucht. Am Ende des Märchens ist Rapunzel zur Königin aufgestiegen, und ihre Entwurzelung ist der erste notwendige Schritt auf diesem Entwicklungsweg.

Es gibt Familien, Gruppen, Kreise, Beziehungen, in denen man, wenn man seinen eigenen »Königinnenweg« gehen will, nicht mitmachen und mitspielen darf. Man muss sich vertreiben oder verstoßen lassen, oder besser noch, sich selbst abstoßen und abnabeln – weggehen. Auch wenn manche dieser Tank- oder Futterstellen noch so bequem und verlockend sind, weil sie einem das Gefühl des Erwünschtseins oder Besondersseins vermitteln, sind sie doch häufig Fallen, die vom Weg zum wahren Erwachsenwerden abbringen. Der Weg zum Einssein mit sich selbst und später mit all dem, was ist, geht nur über die Entwurzelung. Die Entwurzelung ist die Voraussetzung, dass eine Ordnung höherer Art erlangt werden kann, nämlich die Verbindung mit der kosmischen Ordnung. Wer eine Königin werden will, und das heißt in meinem Verständnis wirklich eigen und eigenständig, also aus der Eigenbewegung lebend, muss sich ablösen und entwurzeln. Um Königin zu werden, darf man sich nicht von anderen festhalten lassen, man muss das Weggehen lernen, um das Eigensinnige, die eigenen Sinne zu entwickeln. Uralte Weisheit lehrt: Die Erlösung liegt nur im Eigenen, Eigenart ist nur direkt lebbar, und sie vereinzelt. Aber dieses Vereinzeltsein ist dann, wenn es gewagt wird, die Quelle der Allverbundenheit, die Übereinstimmung mit all dem, was ist.

Warum gelingt dann der Weg zu sich selbst den meisten Menschen nicht? Die meisten bleiben in der Verwurzelung stecken, weil sie die Sicherheit und Abhängigkeit vorziehen. Es braucht einen gewissen Reifezustand, dies zu ändern. Der Ausbruch aus der Abhängigkeit bedarf der Einsicht in diese Tatsache und den Willen, einen höheren Bewusstseinszustand anzustreben.

Max Lüthi weist mit Nachdruck darauf hin, dass der Held im Märchen in der Regel Eltern hat, die durch Bedrohung, Schädigung oder Peinigung dessen Aufbruch in die Welt veranlassen, damit er seinen eigenen Weg geht. Die Negativität der Familie ist somit der Katalysator oder Motor für das Weggehen, ein lebenswichtiger Impuls, den das Kind braucht, um aufzuwachen und weggehen zu können und dadurch seine eigenen Aufgaben, Abenteuer und Wege als

Abgelöster zu finden. Was sich in der Eltern-Kind-Beziehung abspielt, hat eine Parallele auch auf höherer Ebene. Jeder Mensch muss sich entscheiden zwischen Erdgebundenheit und seinem höheren, seelisch-geistigen Ziel. Jeder muss sich fragen: Will ich wirklich ich selbst werden, auf meine eigene Stimme hören, meiner eigenen Wahrnehmung trauen, meiner eigenen Sehnsucht folgen und meinen eigenständigen Weg gehen – ein Original werden? Oder spiele ich weiterhin mit, verhalte mich, wie man das von mir erwartet, reagiere auf das, was man von mir will, und bleibe abhängig? Hätte ein Shakespeare sich darum gekümmert, »normal« zu sein, hätte er nie einen *Hamlet* schreiben können. Instinktiv wissen wir alle, dass unsere so genannte geistige Gesundheit in den Augen der anderen wenig mit dem zu tun hat, wie wir denken, sie bedeutet vor allem, dass wir uns als ungefährlich präsentieren. Wir lernen, unsere spontanen Impulse zu unterdrücken, zensieren unsere Phantasien und lernen, uns »normal« zu verhalten. So zerstören wir unsere Talente, unsere Lebendigkeit – dann werden wir nicht ausgelacht.

Magie der Namensgebung

... und als die Frau in die Wochen kam, so erschien sogleich die Zauberin, gab dem Kinde den Namen Rapunzel und nahm es mit sich fort.

Da es zu Rapunzels Weg gehört, dass sie heimatlos und entwurzelt wird, bekommt der Pakt mit der Hexe die Bedeutung eines vertreibenden Impulses, dessen Rapunzel bedarf, um ihren eigenen Weg zu finden. Vom möglichen Sinn, diesen Mangel an Verwurzelung in menschlichen Reichtum zu verwandeln, wird erst später die Rede sein. Jedenfalls können wir davon ausgehen, dass der elterliche Verrat, das Verlassenwerden einen tiefen Sinn haben, denn blinden Zufall gibt es nicht. Die einzige Frage ist, ob wir den richtigen Zusammenhang, das Zusammenspiel aus den Geschehnissen, die Menschen widerfahren, herauslesen können. Es kommen nämlich nur jene Widerfahrnisse zu uns, die zu uns gehören, die wir durch unser Wesen und unsere Anlage anziehen. Bei den guten Geschehnissen bezweifeln wir diesen Zusammenhang nicht, aber bei den Dingen, die zum Schlechten ausschlagen, wollen wir diesen Reichtum oft nicht wahrhaben. Sieht man aber den elterlichen Verrat von Rapunzel unter diesem Licht, so bietet er zumindest eine Herausforderung oder sogar den Dünger für das Wachstum Rapunzels. Sie gerät dadurch in die Hände einer Wesenheit, die über mehr Kräfte als die Durchschnittsmenschen, die über magische Fähigkeiten verfügt. Wie wir schon hörten, lebt die Zauberin für sich unabhängig und entfernt von den Menschen, bei sich mit ihrem Kräutergarten, von den Kräutern und Früchten der Erde. Sie ist bereit, Rapunzel von ihrer Lebenserfahrung und ihrem Wissen abzugeben.

Die Bezeichnung für diese Kräuterfrau wurde von den Gebrüdern Grimm mehrfach verändert, von »Zauberin«, »Hexe« bis hin zu »Frau Gothel«. Diese Namensänderungen könnten ein Versuch sein, die Macht dieser Frau zu bagatellisieren oder zu verschleiern, aber sie sind zumindest ein Zeichen, dass diese Wesenheit eben nicht, wie sonst gängige Hexenbilder in westlichen Märchen, eindeutig dunkle oder negative Züge aufweist. Allein die Tatsache, dass der Name »Frau Gothel« wiederholt auftaucht, deutet doch zumindest an, dass Rapunzel nicht an eine böse Zauberin oder gefährliche Kräuterfrau geraten ist, sondern an ein fürsorgendes und lebensspendendes Wesen, an eine Mentorin, die sie unter die Fittiche nimmt und auf das Leben vorbereitet. Die Bezeichnung Frau Gothel stammt aus dem Oberdeutschen und heißt »Patin«. Und in diesem Märchen bedeutet sie sogar Taufpatin, da sie die Namensgebung, die ja normalerweise Sache der Eltern ist, übernimmt. Die Bedeutung des Namens »Gothel« besagt darüber hinaus auch, dass es sich hier nicht nur um eine äußerliche, kurzlebige Beziehung handelt, sondern um eine innere Bindung und enge Verbundenheit, die auch mit äußerlicher Verantwortung einhergeht. Leider wird heutzutage die Patenschaft oft vernachlässigt. Auf dem Land, wo sich alte Bräuche länger lebendig halten, ist die Rolle des Paten oft noch viel ursprünglicher im Bewusstsein, die gegenseitige Beziehung fester verwurzelt, und man fühlt sich einander näher – bis dahin, dass man zu Festtagen oder zur Beerdigung von Paten ebenso selbstverständlich geht wie zu denen naher Verwandter. Wie viele Stadtkinder brauchten heute fürsorgliche oder wohlwollende Berater oder Paten, die ihnen Orientierung und Stütze geben!

Fragt man nach dem Sinn dieser »Adoption«, so könnte man vermuten, dass die Spannung zwischen der Prägung aus Rapunzels Herkunft und jener aus ihrem eigenen Wesen in dieser anderen, geschützten Welt der Kräuterfrau zum Vorschein kommen kann. Rapunzel musste zu Beginn ihres Lebens einen Sprung ins Ungewisse oder in die Verlassenheit erleben, aber darin liegt auch die Chance, dass Verlassenheit im negativen Sinn zur Verlassenheit im positiven Sinn werden kann, nämlich zu Offenheit, Freiheit und Spontaneität. Sie verliert die Furcht vor dem Ungewissen und erlebt ein Vertrauen in die Kraftquellen des Lebens, das für das eigene Dasein lebensentscheidend sein kann.

Wer kennt diese Erfahrung nicht – wir werden verstoßen, abgelehnt, fallengelassen und stellen hinterher fest, dass es einen tiefen Sinn machte. Man wird immer nur den Weg entlanggetrieben, den die eigene Seele als Futter braucht. Wenn man sich nicht verschließt, wird man zu den Lehrern gestoßen, die einem eine bestimmte Zeitlang Helfer und Mentoren für notwendige Entwicklungsschritte sind.

Die Einflussnahme der Hexe auf das Mädchen beginnt mit der Namensgebung, sie erhält den gleichen Namen wie die begehrten Rapunzeln in ihrem Garten. Von naturverbundenen Völkern wissen wir, dass Namen als magisch und wegweisend gelten. Namensgebung war früher eine hoch schöpferische und heilige Handlung, deswegen sprach man im Mittelhochdeutschen auch von »den namen schepfen«. Namen sind Anrufung, nicht nur eitle Schnörkel. Sie haben Zauberkraft, weil sie Einfluss auf die Person des Trägers ausüben und den Lebensweg oder die Entwicklung in eine bestimmte Richtung lenken können. In manchen Gegenden gibt es noch heute den Brauch, ein Kind auf den Namen eines besonders tüchtigen Paten zu taufen, so dass dessen Wesen auf das Kind übertragen wird.

Welcher Auftrag, welche Herausforderung oder Chance liegt nun in dieser Namensgebung? Mit ihr leuchtet die

Lebensgeschichte des Mädchens schon auf, ihr Wert wird sozusagen programmiert. So wie in der DNA einer Zelle der ganze Organismus enthalten ist oder in den berühmten »Ta-ta-ta-taa« die ganze Beethovensche Fünfte, so ist auch in diesem Namen die Möglichkeit des Ganzen schon vorgegeben. Rapunzel soll »nahrhaft«, »fruchtbar«, »frisch und grün«, ein »Sonnenwirbelchen« sein. Sie soll verwirklichen, was das Signum »Rapunzel« bedeutet, und bekommt auch besonders schützende und heilsame Kräfte mit auf den Weg. Denken wir an die gestohlenen Früchte, die nach altem Glauben ja besonders süß schmecken sollen. Ihre Identität wird von außen als wunscherfüllende Macht festgelegt, ein Auftrag, den sie zu erfüllen hat. Zunächst dient diese Namensgebung der Bindung an die Hexe. Der Weg der Befreiung ist damit aber auch vorgezeichnet. Sie muss das, was sie verzauberte und was sich in einem bewusstseinsfernen Naturzustand befand, vermenschlichen, das heißt mit eigenem Leben füllen, sich zu eigen machen und in eine höhere Bewusstseinsstufe transformieren. Sie muss lernen, wer sie wirklich ist, wenn sie sich seelisch aus dem Reich der Mutterbindung befreien will.

Das schafft sie aber nicht allein. Sie braucht eine erfahrene Mutter, an die sie sich eine Zeitlang halten kann, die sie über sich selbst und ihre engen Herkunftsverhältnisse hinaushebt, sie damit aber auch gleichzeitig zu sich selbst bringt, wie wir noch sehen werden.

Die Schöne im Turm

Rapunzel ward das schönste Kind unter der Sonne. Als es zwölf Jahre alt war, schloss es die Zauberin in einen Turm, der in einem Wald lag und weder Treppe noch Türe hatte, nur ganz oben war ein kleines Fensterchen.

Erst jetzt tritt Rapunzel wirklich in Erscheinung, bisher ging es vornehmlich um ihre Vorgeschichte, die diktiert war von den Bedürfnissen und Konflikten ihrer Eltern und gezeigt hat, dass es unter Umständen kein Fluch, sondern ein Segen sein kann, wenn man verlassen wird. Die von den Eltern Verlassene kann sich nun mit Hingabe dem Prozess der eigenen Seelenbildung widmen. Die »Umtopfung« in das Reich der Hexe hat zwei Gesichter – sie bedeutet sowohl Entwurzelung als auch Hingabe an ein neues Ziel. Frauen, denen das weibliche Geburtsrecht vorenthalten wurde, müssen unter Umständen, um ihre Ganzheit zu finden, erst einmal von einer anderen weiblichen Figur physisch akzeptiert werden, sei es in einer Freundschaft oder in einer engen Verwandtschaftsbeziehung, ehe sie in sich selbst Sicherheit und Geborgenheit finden können. Emily Dickinson beschreibt das in einem Gedicht: »Sie besitzen mich ab jetzt nicht mehr ... auf ihre Spulen rolle ich mein Leben nicht mehr auf ... Ich wähle und ich lehne ab und wähle – eine Krone, was denn sonst.«

Es klingt nach ausgleichender Gerechtigkeit, wenn an dieser Stelle die außergewöhnliche Schönheit Rapunzels betont wird, die ihr Mutter Natur wie zur Entschädigung in die Wiege legte. Ein Geschenk, um das sich viele ihrer Schwestern ein Leben lang oft unter Qualen abmühen. Rapunzel war »das schönste Kind unter der Sonne«. Ihr außergewöhnliches Schicksal wird also hervorgehoben durch ihre besondere Schönheit. Das Schöne, sagt Platon, weist über sich selbst hinaus. Was heißt das nun in bezug auf Rapunzel? Sie trägt alle Merkmale des Glücks, in ihr erkennen wir das Leben, wie es sich zu einem harmonischen Bild zusammenfügt. Sie ist von der Natur reich bedacht und unterstützt, und das heißt schließlich auch im übertragenen Sinn, dass sie in ihrer seelischen Entwicklung von den Gesetzen der Natur und von sinnbezogenen Zufällen unterstützt wird. Sie weiß noch nicht, wer sie ist, aber ihr Weg ist damit angedeutet: An die Seite der äußeren Schönheit soll die innere Schönheit treten. Rapunzel besitzt durch ihre Schönheit den sichtbaren Schimmer des Göttlichen, der die Möglichkeit einer Höherentwicklung verheißt. Die Verbindung mit dem Göttlichen ist aber nicht nur Gabe, sondern auch Auftrag: Das, was nach außen schön erscheint, soll nach innen schön werden.

Im Alter von zwölf Jahren tritt eine Wende in Rapunzels Leben ein, dessen Gesetze durch die nun beginnende Reifezeit bestimmt sind. Die Reifezeit ist weit mehr als nur der Übergang von der Kindheit zum Erwachsenendasein. Sie ist eine magische Schwelle, an der unser ganzes Wesen zwischen zwei Polen schwankt. Wir haben teil an beiden Geschlechtern zugleich, und diese Zeit der Androgynität ist auch zugleich eine begnadete Zeit, wo uns im weitesten Sinn das spirituelle und kulturelle Leben eröffnet wird. Nicht ohne Grund wurde dieser Zeit bei vielen Völkern besonderes Gewicht beigemessen, zumal der Bestand ganzer Stämme oft vom harmonischen Verlauf dieser Reifezeit abhing, während der die gezielte Einführung in ihre Regeln und Rituale mit zum Teil harten Maßnahmen und Disziplinierungen stattfand.

Mit Eintritt in die Reifezeit betrachten wir die Welt nicht mehr als selbstverständlich. Wir tauchen aus der Unwissenheit auf und beginnen die eigene Bewustheit, die eigene Verantwortung und Kraft zu spüren. Wir erblicken das Licht der Welt mit eigenen Augen. Die Naturvölker feiern diesen Übergang mit bestimmten Übergangsritualen, in denen demonstriert wird, dass der Adoleszente noch nicht dem einen oder anderen Geschlecht zugehört. So gibt es bei vielen Völkern wie in Neu-Irland oder Neu-Guinea Bräuche, bei denen die jungen Mädchen in eine Pubertätshütte, einen Pubertätsturm oder »Turm der Keuschheit« abgesondert werden, wo sie mit Handarbeiten, Weben oder Spinnen beschäftigt werden. Übrigens der deutsche Städtename »Magdeburg« – »Magadeburg« – »Mädchenburg« lässt diese Zusammenhänge anklingen. Auch die Unterweisung durch ältere Frauen gehört zu den Schwellenritualen des reifenden Heranwachsens. Natürlich spielt hier auch das Element der Vermeidung von Inzestkonflikten mit hinein, also beispielsweise die Eifersucht der Mutter oder die Gefahr des Festgehaltenwerdens durch den Vater.

Vor diesem Hintergrund wird die klösterliche Absonderung von Rapunzel in den Turm der Hexe verständlich als Initiation, die das Überschreiten dieser einschneidenden Demarkationslinie rituell in Szene setzt. Der Abschied von der kindlichen Welt geschieht durch einen harten Bruch. Rapunzel wird gezwungen, den Turm hinaufzusteigen. Sie wehrt sich nicht, denn dies ist ihr Weg, auf eine höhere Bewusstseinsebene zu gelangen. Eine Herausforderung des Schicksals, die einen vorläufigen Rückzug verlangt, aber auch die Erfahrung einer neuen, geschützten Welt, die eine Bewusstseinserweiterung ermöglicht. Das Bild vom Turm zeigt es deutlich. Sie musste weg von ihren Eltern und von Mutter Erde hinauf in diesen vergeistigten Turm, wo sie die Welt von oben durch ein Fensterchen sieht. Ein erhabener Ort, der ihr den Temenos, den sicheren Raum bieten kann, den sie braucht, um ihr Ich zu schützen. Welch ein Unterschied zu ihrem Elternhaus, wo sie die Welt von unten oder von hinten sah! Welche Wandlung muss bis zu diesem Zeitpunkt bei Rapunzel vor sich gegangen sein! War ihre Welt bisher eher eng, kurzsichtig und überschaubar, so gewinnt sie nun fern von irdischen Einflüssen Weitblick oder Überblick.

Der Turm ist ein Bild, das mit dem Thema geistig-seelischer Entwicklung und Wachstum verbunden ist. Hier geht es um das Geborenwerden, nicht in die Welt, sondern in den Geist. Der Turm liegt abseits in einem Wald und besitzt weder Treppe noch Türen – keinen Ausweg. Separation ist das Schlüsselwort. Nun ist Rapunzel abgetrennt von allem, was sie bisher kannte und wusste. Sie ist der Hexe ausgeliefert, und die Lehrjahre bei ihr beginnen mit dem Alleinsein in der »Emigration«. Der Horizont der Welt liegt in weiter Ferne.

Auch im Turmmotiv taucht das Thema der Entwurzelung wieder auf. Als Isolierte im Turm ist sie von ihrem gesellschaftlichen Umkreis abgelöst. Abgetrennt von ihrer Erdhaftigkeit erlebt sie eine neue Höhe des Bewusstseins und der Beziehungsfähigkeit. Rapunzel ist eine, die weggeht, nicht eine, die bleibt oder heimkehrt. Dadurch wird sie frei für die Beziehung zu ihrer Beschützerin im Turm, für ihre Gaben und Ratschläge, die sie braucht, um die notwendigen Entwicklungsschritte zu tun. Allerdings geschieht der Übergang bei Rapunzel vom Kind zur Heranreifenden ziemlich abrupt. Das Sinnbild des Turmes, der etwas Künstliches, der organischen Natur Entgegengesetztes verkörpert, unterstreicht diese plötzliche Unterbrechung des Bisherigen. Damit erhält auch das Thema der Entwurzelung eine höhere Bedeutung. Sie ist notwendig und gewollt – also nicht etwas, das der Beliebigkeit oder dem Zufall überlassen bleibt –, ein initiiertes Ritual, eine radikale Zäsur, die das Ende der Unwissenheit, den Bruch mit der Kindheit bedeutet. Die soziale und seelische Isolierung ist die Voraussetzung dafür, dass eine Neuverwurzelung geschehen kann. Aber diese Neuverwurzelung ist ganz anderer Art, denn nun muss sie Wurzeln schlagen in einer geistgeschaffenen Welt, auf einer höheren Ebene. Auch wenn es im Märchen nicht explizit erwähnt wird, so bin ich sicher, dass die Alte, wie in so manchen anderen Märchen, ihr allerhand Unterweisungen gab im Umgang mit weiblichen Kunstfertigkeiten. Schließlich hören wir ja auch später, dass Rapunzel in ihrem Turm singt, also muss sie wohl nicht nur einsam und bedrückt gewesen sein, wie das oft gedeutet wird. Meistens singen Menschen, wenn ihnen das Herz voll ist, wenn ihr Gemüt leicht und heiter gestimmt ist oder wenn innere Eindrücke nach außen »entsorgt« werden müssen.

Bei jeder Form von Selbstentwickung, sei es durch Psychotherapie, Selbsterfahrung, Meditation oder Traumdeutung, spielt das Element des Sich-zurück-Ziehens eine wichtige Rolle. Man taucht eine Zeitlang unter oder weg, um sich ungestört eigenen Wegen oder Schleifen von Entwicklung hinzugeben. Man kehrt sozusagen seiner Heimat den Rücken, um seine eigene innere Heimat zu finden. In dieser Gesellschaft ist das Fortgehen schwierig geworden, weil sie uns an den Fersen klebt mit ihren Ersatzmitteln, ihren verführerischen Surrogaten, die uns durch das Versprechen ihrer Mühelosigkeit um die Entfaltung unserer produktiven Eigenkräfte bringen. Veränderung heißt: sich befreien. Dies geschieht nur, wenn wir in die innere Sammlung gehen. Unsere nächsten und liebsten Menschen können an diesem Punkt nichts für uns tun. Wir müssen lernen, unsere eigenen Kräfte zu mobilisieren. Viele Frauen planen ihre »Fluchttürme« oder »Inseln«, indem sie für eine gewisse Zeit aussteigen, sich Bedenkzeit erbitten, sich aus bestimmten Gruppen und Lebenskreisen zurückziehen, um innere Kräfte zu sammeln, bevor sie nach außen hin sichtbare Veränderungsschritte unternehmen. Solche Phasen haben aber auch ihre Grenzen. Man spürt, man muss auch seine Mentoren, Lehrer oder Therapeuten wieder verlassen, oder sogar den Aufstand gegen sie wagen, um auf die eigenen Füße zu kommen.[10]

Das Bild vom Turm ist ein starkes Bild, weil es die Vertikale betont. Die Analogie zur menschlichen Entwicklung liegt auf der Hand. Die Entwicklung vom Säugling zum Erwachsenen verläuft auch von der Horizontalen in die Vertikale. Wir stehen als Menschen vor der Aufgabe, uns aufzurichten – körperlich, geistig und seelisch. Aufrichtig werden heißt ja auch im übertragenen Sinn, seine eigene Wahrheit finden. Um die eigene Wahrheit zu finden, müssen wir Kontakt nach unten zur Erde und Kontakt nach oben zum Himmel haben.

Goldhaar als schöpferische Kraft

Wenn die Zauberin hinein wollte, so stellte sie sich unten hin und rief:

>»*Rapunzel, Rapunzel,*
>*lass mir dein Haar herunter.*«

Rapunzel hatte lange, prächtige Haare, fein wie gesponnenes Gold. Wenn sie nun die Stimme der Zauberin vernahm, so band sie ihre Zöpfe los, wickelte sie oben um einen Fensterhaken, und dann fielen die Haare zwanzig Ellen tief herunter, und die Zauberin stieg daran hinauf.

Betrachten wir nun die Beziehung Rapunzels zur Zauberin. Wie schon zu Beginn angedeutet, handelt es sich bei Rapunzel im wesentlichen um eine vaterlose Konstellation – er taucht während des ganzen Märchens nicht mehr auf –, die den Hintergrund für eine einseitig weiblich geprägte Kind- und Reifezeit bildet. Damit ist natürlich die Gefahr der Überidentifikation und der Abhängigkeit von der mütterlichen Macht gegeben, die vielleicht noch verstärkt wird durch eine unstillbare Sehnsucht nach einer Vaterfigur, von der sie nur träumen kann, da der reale Vater sich entzogen hat. Andererseits bietet sich Rapunzel durch die Beziehung zur Zauberin so etwas wie eine einbindende Kultur, eine seelische Fruchtblase, in der sie schwimmen kann. Sie ist nicht allein, sondern eingebunden in schützende Mauern, die ihren Sprung von einer Bewusstseinsebene zur nächsten unterstützen und erleichtern. Die verwirrenden Anforderungen von Wachstumsprozessen bedürfen stets des Schutzes und des Eingebundenseins. Frauen, die dabei allein gelassen werden, erleben Wandlungsprozesse und die Geheimnisse des Lebens als Chaos oder Sinnlosigkeit – einer der Hauptgründe für die Entstehung von Suchtsymptomen.

Die Beziehung zur Zauberin wird durch Sichtbares und Hörbares hergestellt – die langen, goldenen Haare als sichtbare »Nabelschnur« und der formelhafte Spruch: »Rapunzel, Rapunzel, lass mir dein Haar herunter.« In der natürlichen Magie spielten die Haare stets eine wichtige Rolle als Zeichen besonderer magischer Kraft des Menschen. Ein Mensch, der seiner magischen Kraft gewiss sein wollte, hatte meistens sogar lange Haare. Das Haar ist die wichtigste Ergänzung oder der Rahmen für unser Antlitz, es ist Träger nonverbaler Mitteilungen über Lebensanschauung, Generationenunterschied, Trotz oder Anpassung. Beschreibungen von vollkommenen Frauen schwärmen immer von ihrem goldenen Haar, wie beispielsweise Shakespeare, der von dem goldenen Netz spricht, in dem sich die Herzen der Männer verfangen.

Das Schönheitsideal von der blonden Fülle taucht oft im Märchen auf, wie zum Beispiel im »Marienkind«, »Allerleirauh«, »Eisenhans«, »Der gläserne Sarg« oder »Die Gänsemagd«, nicht nur als ästhetischer Wert, sondern immer auch in Verbindung zur schöpferischen Kraft, die sie verkörpern soll. Neben der Bedeutung besonderer Kraft galten lange Haare auch als Symbol eines besonderen Ranges, denn sie waren ein Ehrenrecht königlichen Geblüts. Wenn nun Rapunzel eine derartige Schönheit besitzt, die sogar in Zahlen beschrieben wird – zwanzig Ellen lange goldene Haare –, dann soll ihre herausragende Rolle, ihre besondere Kraft und Begabung hervorgehoben werden.

Das Rätsel der Aufforderung »Rapunzel, Rapunzel, lass mir dein Haar herunter« wird besser verständlich, wenn man sie als Kontaktformel versteht, die im Kern bedeutet: »Ich brauche dich.« Dieser Satz klingt vertraut, wenn wir an Rapunzels leibliche Mutter zurückdenken und an die damit verknüpfte Rolle Rapunzels als deren potenzielle Erlöserin. Heißt das, dass sich da in der Beziehung zur Zauberin etwas wiederholt? Zunächst klingt diese Formel ja fast spielerisch, ähnlich wie ein Tanzrefrain. Sie gewinnt aber an Tiefe, wenn man das hört, was da an wechselseitiger Abhängigkeit mitschwingt. Nicht nur Rapunzel braucht den Kontakt zu ihrer Mentorin, um sich in ihrem Turm weiterzuentwickeln, und muss dafür ihre schöpferische Kraft – ihre Haare – zur Verfügung stellen; auch die Zauberin will gehört werden und braucht Rapunzel als Ziel der eigenen Sehnsucht. Eine Beziehung, die vom Hören, Gehörtwerden und vom Gehorchen lebt. Die Gefahr, die sich hier andeutet – die Hörigkeit –, ist sicherlich nicht nur eine Folgerung sprachlicher Logik. Sie ist ganz real gegeben als die Schattenseite der fürsorglichen Abhängigkeit zwischen den beiden nach dem Motto »Ich gebe dir, damit du mir gibst«, die zur Belastung ausarten kann, wenn sie den anderen nicht wirklich leben lässt. Diese Abhängigkeit drückt sich im Bild des Hochziehens im wahrsten Sinn des Wortes aus, denn Rapunzel lässt ihr Haar herunter*hängen*, und die Zauberin kann sich daran herauf*hangeln*. Diese Abhängigkeit mag vielleicht abschreckend wirken, weil sie nur allzu leicht in Behinderung umschlagen kann und somit das Gute, was sie ursprünglich beabsichtigte, in sein Gegenteil verkehrt. Aber vielleicht ist sie zunächst geradezu notwendig, um Rapunzel über diese Brücke zur eigenen Entfaltung zu bringen. Die Selbstverständlichkeit, mit der Rapunzel ihre Haare als Brücke zur Hexe hergibt, erweckt den Eindruck, als ahne sie, dass es ihr Schicksal ist, dem sie gehorchen muss. Sie weiß tief innen, dass etwas Neues geboren wird, deswegen kann sie den Schmerz und die Last der Hexe akzeptieren. Ist es nicht eine uralte Erfahrung, dass wir unsere eigene

Größe erst dann entfalten können, wenn wir erst einmal die Gaben unserer Helfer auf unserem Weg entgegennehmen können? Im Glanz und in der Kostbarkeit von Rapunzels Haaren, die man als Vorform der königlichen Krone auffassen kann, schimmert ja schon durch, dass sie eines Tages ihre Lebenskraft selbst verkörpern und eine eigene Krone tragen wird. Statt des Lichts von außen wird dann das Licht von innen leuchten.

Vorerst holt sie sich mit ihren Haaren Inhalte aus der Beziehung zu ihrer Mentorin. Sie ist heiteren Gemüts und singt, wie wir später erfahren. Das Märchen spricht vom »lieblichen Gesang«, als wolle es sagen, dass dort, wo der Raum eng ist wie in diesem Turm, sich grenzenlose schöpferische Kräfte und neue Wege öffnen können. Oder die Reise nach innen. Nicht die Sexualität ist damit das erste Kennzeichen der Reife, sondern das Erwachen der musischen Seelenkräfte oder die Gabe, Empfindungen und Gefühle aus einer poetischen Sicht zu erfassen und auszudrücken. Aber letztlich stammt beides aus der gleichen Quelle, die Lust am Gesang und die Lust am Erkunden eines Körpers sind von ein und derselben Natur: beide sind unersättlich.

Die Botschaft der Stimme

Nach ein paar Jahren trug es sich zu, dass der Sohn des Königs durch den Wald ritt und an dem Turm vorüberkam. Da hörte er einen Gesang, der war so lieblich, dass er stillhielt und horchte. Das war Rapunzel, die in ihrer Einsamkeit sich die Zeit damit vertrieb, ihre süße Stimme erschallen zu lassen. Der Königssohn wollte zu ihr hinaufsteigen und suchte nach einer Türe des Turms, aber es war keine zu finden. Er ritt heim, doch der Gesang hatte ihm so sehr das Herz gerührt, dass er jeden Tag hinaus in den Wald ging und zuhörte. Als er einmal so hinter einem Baum stand, sah er, dass eine Zauberin herankam und hörte, wie sie hinaufrief:

  *»Rapunzel, Rapunzel,
  lass dein Haar herunter.«*

Da ließ Rapunzel die Haarflechten herab, und die Zauberin stieg zu ihr hinauf. »Ist das die Leiter, auf welcher man hinaufkommt, so will ich auch einmal mein Glück versuchen.« Und den folgenden Tag, als es anfing dunkel zu werden, ging er zu dem Turme und rief:

  *»Rapunzel, Rapunzel,
  lass dein Haar herunter.«*

Alsbald fielen die Haare herab, und der Königssohn stieg hinauf.

Nachdem Rapunzel lange genug in der Abhängigkeit zur Zauberin verharrt ist, geschieht es, dass sie mit ihrem Gesang einen Königssohn anlockt. Mit ihrer süßen Stimme macht sie auf ihre Sehnsüchte und auf ihr nun einsam gewordenes Dasein aufmerksam. Und nicht nur das, sie tritt über ihre eigene Stimme mit sich selbst in Zwiesprache, sie hört sich selbst, drückt ihre Stimmungen und Gefühle aus und schafft so Eigenresonanz. Schon der Ausdruck über das Singen bewirkt ja eine tiefgreifende Veränderung: Das, was bisher im Herzen verschlossen war, wird nun hörbar. Selbst wenn niemand da ist, ist für Rapunzel die Möglichkeit des Ausdrucks entscheidend, ermöglicht sie doch eine Art Standpunkt, von dem aus sie zurückschauen und in die Zukunft blicken kann. Die Bibel sagt nicht von ungefähr: »Wes das Herz voll ist, des geht der Mund über« (Matthäus 12,34). Ein verhärtetes, verkrampftes Herz, das »zu« ist, hat keine Lieder zur Verfügung. Rapunzels Stimme verrät von ihrer Sehnsucht nach Befreiung und Lebensfülle, denn die Einsamkeit ihrer Lehrjahre hat die Grenze des für sie Zuträglichen erreicht. Die Zeit ist gekommen, da sie den klösterlichen Schutzmauern zu entwachsen beginnt und der Stimme ihres Herzens folgen muss, das sich danach sehnt, »herzlich lieb« gehabt zu werden. Selbst wenn es ihr noch nicht bewusst ist, beginnt sie zu ahnen, dass sie der Fürsorge und Kontrolle ihrer Lehrerin entwachsen ist. Jedenfalls geschieht dieses Absterben der Abhängigkeit zunächst ziemlich unbewusst. Ihre Stimme verrät, was sie auf der intuitiven Ebene zu spüren beginnt, etwas geht zu Ende. Etwas Neues muss sich anbahnen.

In der Tat gibt es auch jemanden, der diese Botschaft intuitiv aufnimmt und angerührt ist vom Klang ihrer Stimme – der Königssohn. Also nicht irgendein junger Mann, sondern ein Mann mit besonderer Herkunft und Prägung. Das ist sicher kein Zufall auf dem Hintergrund von Rapunzels vaterloser Konstellation, die häufig dazu führt, dass Frauen nach dem »besonderen« Mann suchen oder zu idealisierenden Phantasien über Männer neigen, eben weil der Mann in ihrem Leben fehlte. Rapunzel hat das Herz des Königssohnes angerührt durch ihren sehnsuchtsvollen Gesang. Mehr noch, sie hat ihn verzaubert, so dass er nur noch der Stimme seines Herzens folgen kann und jeden Tag aufs neue dorthin gehen muss, wohin sein Herz ihn trägt[11] – in ihre Nähe. Etwas in ihm ist angetönt, hat Anklang, Resonanz gefunden, das von der Botschaft ihrer Stimme ausging. Er konnte sich nur rufen lassen, weil etwas in ihm bereit war, sich einer neuen Erfahrung zu öffnen. Was sie zusammengeführt hat, war ein echtes Sehnen und Suchen, das nicht machbar ist, sondern einfach entsteht, wenn die Zeit dafür reif ist. Als Symbol dafür wird auch der Baum erwähnt, an dem der Jüngling steht. Wann immer in Märchen eine Entscheidung oder Wende ansteht, kommt ein Baum vor. Nicht ohne Grund sprechen wir daher vom Baum der Erkenntnis, vom Schicksalsbaum oder Lebensbaum.

Aus dem Leiden der Einsamkeit ist eine Weiterentwicklung in Gang gekommen. Das scheinbar Abgeschlossene darf sich öffnen und geteilt werden. Aufschlussreich in diesem Zusammenhang ist die Doppelbedeutung der menschlichen Stimme. Sie lässt uns erfahren, dass unser Körper nicht etwas Abgetrenntes ist, sondern Leben in sich trägt, das sich durch unsere Stimme der Außenwelt mitteilt und gleichzeitig die Vorgänge im eigenen Körper an uns selbst vermittelt. Sie gibt uns wieder, was wir an Leid, Schmerz, Lust und Freude erleben, vermittelt der Welt von unserem begrenzten, oft eingeengten Raum und stellt uns damit in einen weiteren Raum.

Das Rapunzelmärchen kreist immer wieder um die Themen von Geborgenheit, Halt und Abhängigkeit von Eltern, Helfern, Orten und um die Entwicklung seelischen Lebens, das immer erneut zu Brüchen, Zäsuren und Neuanfängen führt. Auf der einen Seite wird mit Erwartungen und Forderungen gehandelt, auf der anderen Seite kommen immer wieder Helfer, die eine Veränderung und Erlösung bewirken. Letztlich dienen diese Elemente der Herausformung und Verwandlung von Rapunzel. Und die Frage heißt: Wie stellt sie sich, wie hält sie durch? Wer ist sie wirklich? Wann muss sie anders werden, so dass ihre Entwicklung nicht stecken bleibt? Am Beispiel vom Turm: Wann kippt das Nach-oben-Gehen um in ein In-der-Luft-Hängenbleiben? Wann ist es Zeit, aus der Höhe des Turmes wieder in die Niederungen des Lebens herabzusteigen? Wann werden Lehrjahre zur Flucht vor dem Leben? Wann ist es Zeit, auf eigenen Füßen zu stehen? Wann kippt ein Rückzug um in ein Sich-Verstecken? Wann ist es an der Zeit selbst weiterzugehen?

Man denke nur an die vielen Beispiele von entscheidungsscheuen ewigen Studenten oder Stubenhockern, die vor diesen Fragen ausweichen, indem sie in der Abhängigkeit bleiben. Um mit Salomo zu sprechen: »Ein jegliches hat seine Zeit, und alles Vorhaben unter dem Himmel hat seine Stunde, das Geborenwerden und das Sterben, das Steinewerfen und das Auflesen der Steine, das Zusammennähen und das Zerreißen, das Umarmen und das Lösen der Umarmung ...« Auch das jungfräuliche Mädchendasein hat seinen eigenen Zauber und seine eigene unersetzliche Art, in der Welt zu sein.

Auf geheimnisvolle Weise lockt Rapunzel einen Seelenverwandten herbei. Dies zeigt uns, dass die Seele magisch anmutende Kräfte besitzt, um eine rettende Fügung zu initiieren. Kennen wir das nicht, dass wir erschöpft, am Ende sind, und plötzlich kommt wie aus dem Nichts ein Ausweg, ein rettendes Etwas, das unserem Leben eine neue Wendung verleiht? Wie geschieht das? Indem man seine seelischen Schaffenskräfte in Bewegung hält, nicht verstummt, verhärtet oder vereist, sondern seiner Not Ausdruck gibt. Was sich bewegt, kann nicht sterben. Rapunzel hat sich mit ihrem Gesang in Bewegung gehalten und hörbar gemacht, so dass sie erkannt werden konnte. Mit ihrem Gesang drückt sie das aus, was sich in ihr angesammelt hat an Einsamkeit, Sehnsucht und Hoffnung. Ihr Gesang ist es auch, der dem Königssohn den Weg bahnt, so dass es für ihn nur noch einen Gedanken gibt: »Ich will sehen.« Der Gesang erfüllt also zweierlei, er gibt Signal und trägt sie einen Schritt weiter, damit sie die nächste Daseinsebene erreichen kann. Auch für den Königssohn ist der Gesang eine Kraftquelle, die ihm hilft, Hindernisse zu überwinden und damit seiner eigenen Erlösung näher zu kommen. Man kann also sagen, dass ihr Gesang den Zauber webt, der die Voraussetzung zur Erlösung beider schafft. Der Zauber, die magische Kraft, ist dafür ausschlaggebend.

Vom Eros getroffen

Anfangs erschrak Rapunzel gewaltig, als ein Mann zu ihr hereinkam, wie ihre Augen noch nie einen erblickt hatten, doch der Königssohn fing an, ganz freundlich mit ihr zu reden, und erzählte ihr, dass von ihrem Gesang sein Herz so sehr bewegt worden, dass es ihm keine Ruhe gelassen und er sie selbst habe sehen müssen. Da verlor Rapunzel ihre Angst, und als er sie fragte, ob sie ihn zum Mann nehmen wollte, und sie sah, dass er jung und schön war, so dachte sie: Der wird mich lieber haben als die alte Frau Gothel, und sagte ja und legte ihre Hand in seine Hand.

Bisher verfügte nur die Zauberin über die magische Zauberformel, die ihr den Zugang zu Rapunzel verschaffte. Ihre Haare, die Rapunzel bisher ausschließlich mit ihrer Herrin verbanden, werden in dem Moment umgedeutet, wo der Königssohn auf den Plan tritt. Er macht sich die durch die Zauberin vorbereitete Kontaktmöglichkeit zunutze und steigt zu ihr hinauf, um sie dort abzuholen, wo sie sich befindet. Also kein Frontalangriff, sondern eine sorgsam vorbereitete Annäherung, die das vertraute Muster der Hexe imitiert und sich an die gewohnten Spielregeln hält. Intuitiv hat er begriffen, dass er neben dem Absolutheitsanspruch der Hexe keine eigene Chance haben würde, es sei denn, er würde an ihre Stelle treten. Sein einfühlsames Vorgehen hat womöglich auch mit seiner Hellhörigkeit zu tun, mit der er ihrem sehnsuchtsvollen Gesang entnehmen konnte, dass ihr Körper, wie auch der Turm, in dem sie lebte, weder Türen noch Treppen hat, also ein jungfräulich verschlossener Körper ist.

Rapunzel reagiert nun ziemlich überrascht, als sie zum ersten Mal merkt, dass sie anstelle der Zauberin einen männlichen Gast in ihren »Elfenbeinturm« heraufgezogen hat. Sie erschrickt zutiefst angesichts dieses Ur-Erlebnisses Mann. Eine bisher nicht gekannte, neue, andersartige Welt tut sich vor ihr auf, und sie reagiert zunächst hilflos und erschüttert angesichts des Eindruckes männlicher Körperlichkeit. Und dann geschieht jenes Wunderwerk, das wir mit allen Wesen unter der Sonne gemeinsam haben, das so unaussprechlich, intim und geheim ist. Die Heimlichkeit ist wohl geradezu die Voraussetzung für Lust und Begehren, für das gegenseitige Erkennen, dieses zweischneidige Wunder und diesen unauslöschlichen Wendepunkt, der uns unüberhörbar wissen lässt, dass wir von nun an geschlechtlich geprägte Wesen sind. Zur ersten Liebe gehört es, dass der Blitz der Liebe meist noch im heimischen Nest einschlägt. Die Verwandlung, die man durchmacht, findet noch in der Geborgenheit der vertrauten Umgebung statt. Das Leben oder zumeist das Gefühl für »zu Hause« ändert sich aber schlagartig. Das, was bisher vertraut war, wird nun plötzlich mit neuen Augen gesehen, weil das Leben nun durch einen zweiten »Anker« bestimmt ist. So rückt das Fremde nahe, und das Nahe wird plötzlich wie fremd. So ähnlich mag es Rapunzel ergangen sein, als sie ihren Königssohn traf. Ihre geschützte, vertraute kleine Welt war mit einem Schlag wie verwandelt.

Rapunzel erkennt, dass er jung und schön ist, und dieses Erkennen vertreibt ihre Angst. Wir haben in diesem Erkennen jenen Vorgang, den der Paradiesmythos als jähes und tiefes Wissen um die Erotik zwischen Mann und Frau meint. Die Empfänglichkeit, mit der Rapunzel sich ihm nun öffnet, deutet sich an in dem Bild von den beiden Händen, die sich ineinander legen. Berühren steht symbolisch für den Umgang der beiden miteinander. Sie sind unzertrennlich geworden, aller Zweifel und Zwiespalt ist überwunden durch die aufkeimende Liebe, aber sie dürfen sich nicht hinreißen lassen durch das Ekstatische, sie müssen sich vorsichtig berühren. So ist Erstaunliches von den beiden zu lernen: Liebe ist eher eine Frucht bewundernder Distanz, einer Distanz, die das Geliebte anschaut, berührt, um es in seiner Eigenheit und nicht als Besitz zu bestätigen.

Dieser magische Prozess zwischen den beiden ist vergleichbar mit einer Aufgabe, in der wir ganz aufgehen, wo wir unser kleines Ego aus den Augen verlieren und uns dorthin begeben, wo unser wahres Wesen ist – im Herzen der Dinge, im eigenen Inneren und im anderen.

»Der wird mich lieber haben als die alte Frau Gothel« – so deutet sich die Auflösung der Abhängigkeit von der Herrin des Turmes an. Denn was Rapunzel sich nun einzurichten hat, ist eine Wirklichkeit, die ihr allein gehört. Noch ist sie aber gefangen im Reich der Zauberin und erst am Anfang eines neuen Weges. Und die Frage ist: Wird sie den Mut haben, auszubrechen und einen neuen Anfang zu wagen, oder wird sie in ihr altes Muster der Enge einbrechen?

Poesie der Liebe

Sie sprach: »Ich will gerne mit dir gehen, aber ich weiß nicht, wie ich herabkommen kann. Wenn du kommst, so bring jedes Mal einen Strang Seide mit, daraus will ich eine Leiter flechten, und wenn die fertig ist, so steige ich herunter, und du nimmst mich auf dein Pferd.« Sie verabredeten, dass er bis dahin alle Abend zu ihr kommen sollte, denn bei Tag kam die Alte.

Nun könnte das Märchen enden, denn Prinz und Prinzessin haben sich gefunden und wollen ein Paar werden. Jeder hat seine andere Hälfte gefunden, eine neue Lebensform tut sich auf. Aber beide müssen noch reif dafür werden, denn ihre Beziehung hat noch keinen eigenen Raum. Ihnen ist noch nicht das vergönnt, was die Privatheit einer Beziehung ausmacht, nämlich gemeinsame Alltäglichkeit, Zeit, Ruhe und gegenseitige Gewöhnung. Deutlich wird ferner, dass zu ihrer Liebe weit mehr Heimlichkeit als Intimität gehört, denn sie ist nur hinter dem Rücken der Alten und während der Dunkelheit lebbar, da sie durch die Macht der Zauberin tagsüber vereitelt wird. Hier wiederholt sich etwas, das durch die vaterlose Konstellation Rapunzels schon vorgezeichnet war. Auch in der Beziehung zum Königssohn, die durch die Spannung der Heimlichkeit ständig bedroht ist, verbleibt Rapunzel im chronischen Zustand von Sehnsüchten und ungestillten Träumen. Da die Chancen, beieinander zu sein, gemeinsame Alltäglichkeit miteinander zu leben und sich aneinander zu gewöhnen, nur auf die dunklen Nachtstunden begrenzt waren, konnte sie eigentlich nur seine »Nachtseite« kennen lernen, und so blieb er für sie letztlich wieder abwesend. Eine Abwesenheit, die sie um so mehr schmerzen musste, wenn man ihre ungelebte Vaterbeziehung bedenkt. Sie konnte ihren Königssohn nicht wirklich kennen lernen, selbst wenn sie mit ihm zusammen war, lebte sie unter der Spannung und der Angst des Entdecktwerdens. In anderen Worten: Sie führte mit ihm kein Privatleben, vielmehr hatte sie ihre Liebe für sich privat in ängstlicher Spannung lebendig zu halten und war dazu verurteilt, die Heimlichkeit ihrer nächtlichen Freuden in ein Geheimnis umzumünzen, das er auf dem Hintergrund seiner Geschichte vielleicht gar nicht verstehen konnte. Denn wie sollte er als freier Königssohn, der kaum seelische und physische Risiken einging, ihre Gewissensnöte verstehen, zumal sein Anteil an der Geschichte in den Augen der anderen als Ehrgewinn eingestuft würde? Es entsteht der Eindruck, dass weibliche Erotik und Liebe in diesem Märchen immer als etwas Gestohlenes oder Verstohlenes empfunden werden, die Bestrafung oder Leiden nach sich ziehen. Auch die Szene mit den heimlich entwendeten Rapunzeln aus dem heiligen Hain fügt sich hier nahtlos ein.

Es ist auffallend, dass mit dem Eintreten des Freiers Rapunzels Gedanken immer wieder um ihre Turmherrin kreisen, der gegenüber sie sich verantwortlich fühlt, vor der sie Angst hat, und mit deren Maßstäben sie all das misst, was ihr mit ihrem Freier widerfährt. Damit wird deutlich, welche Exklusivität die Hexe in ihrem Leben bisher beansprucht hat, und darüber hinaus, dass sie bisher noch kaum eigene Konturen ihrer Bestimmung entwickeln konnte. Sie hat nicht gelernt, eigene Entscheidungen zu fällen, deswegen wird verständlich, dass sie sich nun zögerlich und halbherzig ihrem Freier gibt, statt sich ihm mit vollem Herzen hinzugeben und vor der Hexe dazu zu stehen. Diese Unselbständigkeit bewirkt nun gerade etwas, womit sich Rapunzel maßlos überfordert. Indem sie beiden gerecht werden will, spaltet sie ihr Leben in eine Tag- und eine Nachthälfte auf, was unweigerlich zum Scheitern verurteilt ist, weil es in sich schon den Keim des Verrats trägt. Eine kleine Unvorsichtigkeit, eine minimale Fehlleistung, und das ganze künstliche Gebilde bricht in sich zusammen. Hier finden wir ein Beispiel, wie die Flucht und Angst vor Klärung und Auseinandersetzung zur Täuschung und Halbheit führt, denn Rapunzel hätte ja auch die Möglichkeit gehabt, sich vor der Hexe zu ihrer Liebe zu bekennen. Dafür ist die Zeit aber noch nicht reif, es braucht noch ein Stück Weg, der ihr Zeit lässt, in diesen neuen Lebensabschnitt hineinzureifen. Was eine direkte Konfrontation mit der Alten für Rapunzel so schwer machte, waren sicher auch die wiederholten Abhängigkeitsformeln der Hexe. Stellen wir uns vor, ein Mädchen, das täglich hören musste: »Zieh' mich hoch!« – wer könnte nicht nachvollziehen, wie unsagbar schwer es für sie nun sein muss, sich zu verweigern? Und das Tragische daran ist, dass sie, derart überhäuft mit Verantwortung, nun auch noch dafür bezahlen muss. Da sie keine klare Entscheidung fällt und sich nicht selbst vertritt, wird sie gelebt – ein Leben, das zwischen Gefühl und Verstand in zwei Hälften gerissen wird, ein Doppelleben, aufgeteilt in eine Tag- und eine Nachthälfte, das sie nicht zum Leben kommen lässt. Hier bewahrheitet sich die alte Weisheit, dass Neuentscheidungen einen kleinen »Tod« von uns fordern, etwas sterben muss, damit etwas Neues entstehen kann. Ohne die Entwurzelung oder Umwandlung alter Muster ist keine wahre Veränderung möglich. Veränderung heißt Befreiung und ist immer mit Mühe, Klarheit und Einsatz verbunden.

Ganz gleich, wie sich Rapunzel entscheidet, sie gerät in einen Konflikt. Mit jeder sich wandelnden Lebensform stellt sich die Frage der Selbstbehauptung und der Angst. Immer besteht die Gefahr, zu viel, zu früh, zu schnell zu weit gegangen zu sein und nicht mehr zurückzukönnen. Jede sich wandelnde Lebensform prüft wohl immer wieder, was passt, was ausgesondert werden, was behalten werden muss, damit die Seele nicht überfordert wird. Jede Entwicklung ist eine Folge von Prüfungen und Probehandlungen. In diesem Sinn ist wohl auch der Seidenstrang zu verstehen, mit dem Rapunzel eine Leiter flechten will, auf der sie Stufe für Stufe von ihrem hohen Turm zu ihm heruntersteigen kann. Sinnbildlich heißt das, dass sie sich behutsam und vorsichtig in dem ihr eigenen Maß und Tempo Stufe für Stufe aus der Abhängigkeit von ihrer mütterlichen Macht lösen will, sich öffnet und aus sich herausgeht. Sie knüpft sozusagen eine neue, eigene »Nabelschnur« zu ihrem Prinzen, die sie schrittweise in die Befreiung führen soll. Der radikale Absprung in ein neues Leben würde die Trennung von der Nabelschnur der Zauberin bedeuten, dazu ist sie aber noch nicht bereit.

Selbstverrat

Die Zauberin merkte auch nichts davon, bis einmal Rapunzel anfing und zu ihr sagte: »Sag' Sie mir doch, Frau Gothel, wie kommt es nur, Sie wird mir viel schwerer heraufzuziehen als der junge Königssohn, der ist in einem Augenblick bei mir.« – »Ach, du gottloses Kind«, rief die Zauberin, »was muss ich von dir hören; ich dachte, ich hätte dich von aller Welt geschieden, und du hast mich doch betrogen!« In ihrem Zorn packte sie die schönen Haare der Rapunzel, schlug sie ein paarmal um ihre linke Hand, griff eine Schere mit der rechten, und ritsch, ratsch waren sie abgeschnitten, und die schönen Flechten lagen auf der Erde.

Noch kann Rapunzel ihre Entscheidung für den Prinzen nicht einlösen, denn noch lebt sie ihr heimliches Doppelleben im Turm, bewacht von ihrer mächtigen Frau Gothel. So wie das Aufsteigen in den Turm auf dem Hintergrund ihrer kleinen, engen, elterlichen Welt etwas Abgehobenes, Abruptes und fast Beängstigendes hatte, so auch das Herabsteigen, weil es keine Verbindung oder Vermittlung zwischen beiden Lebenswelten gibt. Das »Dazwischen« der beiden Entwicklungsstränge ist gleichsam verdrängt oder abgespalten worden. Es soll nichts dazwischen kommen. Rapunzel will ausbrechen aus ihrer einsamen Vergangenheit und in ihr neues Glück, in das sie sich gezogen fühlt, es gleichsam heimlich erzwingen. Vergleichen wir sie mit Helden aus anderen Märchen wie Dornröschen oder Siegfried, so haben sie stets zur rechten Zeit Hilfe erhalten, weil sie ihr Leben wagten, Mut bewiesen und schwierige Prüfungen bestanden. Rapunzel hatte es, gemessen an großen Heldentaten, etwas leichter, denn sie wurde ohne großen Einsatz von ihrem Königssohn gefunden, aufgesucht und aus der kindlichen Abhängigkeit von ihrer Frau Gothel ein Stück weit befreit. Sicher hat sie selbst »mitgewoben« an der »Seidenstrangleiter«, die ihr zur Flucht verhelfen sollte. Aber letztlich entscheidet sie nicht selbst, sie lässt eher geschehen und sitzt immer noch gefangen in ihrem Turm. Der Mut, auf sich selbst gestellt zu sein, die große Prüfung oder Bewährungsprobe, waren schon immer Gesetze und Kennzeichen des Helden. Bei Rapunzel fallen sie alltäglicher, harmloser aus, so dass sich natürlich die Frage aufdrängt: Wird die große Prüfung noch kommen? War das nur das Vorspiel? Steht ihr womöglich die große Lösung noch bevor?

In der Tat drängt und beginnt sich etwas in ihr zu melden, denn ihre ambivalenten Gefühle lassen sich nicht so einfach abstellen. Ihr schlechtes Gewissen wegen ihrer heimlichen Zusammenkünfte mit dem Prinzen führt zum Selbstverrat. Warum sie das tut, kann mehrere Gründe haben. Sicher wäre es zu einfach, wollte man sich damit begnügen, dass Rapunzel eben dumm und blauäugig sei. Vielleicht wollte sie sich einfach entlasten oder den Segen der Zauberin holen, um ihre eigene Unsicherheit zu beschwichtigen. Die Selbstverständlichkeit, mit der sie sich der Zauberin ausliefert, deutet ja darauf hin, dass es sich hier nicht um einen bloßen Versprecher, um Gedankenlosigkeit handelt, sondern um einen notwendigen inneren Schritt, der sich nach außen in Handlung umsetzt. Ohne es zu wissen, scheint sie aus einem inneren Zwang heraus zu handeln, daher auch die Angstfreiheit, mit der sie ihr Geheimnis preisgibt.

Sie tut, was sie tun muss. Sie muss auf die Erde, auf den Boden der Tatsachen. Um etwas Neues zu erwerben, muss sie die Sicherheit, Abgeschlossenheit und Geborgenheit ihres

»Elfenbeinturmes« verlassen, denn »Bleiben ist nirgends«, wie Rilke so treffend sagt.

Wie das Haar als Zeichen besonderer Kraft gilt, so ist beim Haareabschneiden das Gegenteil der Fall. Wenn Menschen ihre schöpferische Kraft oder Macht abgeben müssen, taucht in vielen Geschichten auch das Haareabschneiden auf. Früher wurden beispielsweise Ehebrecherinnen ihres Haarschmuckes beraubt.

Die grausame Handlung der Zauberin, die sie beschimpft und ihr den goldenen Zopf abschneidet, mag brutal und übertrieben sein. Sie führt aber dazu, dass Rapunzel aus ihrer Verzauberung erlöst wird. Die Bosheit der Hexe wird zum Ausgangspunkt für ihren Weg in die Unabhängigkeit, in ein eigenständiges Leben, wo sie all das, was sie im Turm lernte, unten auf der Erde, in der Welt umsetzen und verwirklichen muss. Aber dieser Weg beginnt mit einer Enttäuschung und Ernüchterung, denn die Frau, auf die sie ihr Schicksal und Vertrauen gesetzt hatte, wendet sich nun äußerst hartherzig gegen sie. Der Fluch der Zauberin, mit dem sie Rapunzel aus dem Turm verstößt: »Ach, du gottloses Kind«, deutet auf ihre Machtbesessenheit hin, die ja letztlich heißt: »Du sollst keine anderen Göttinnen haben neben mir.« Ihre Rachsucht zeigt, dass sie noch keine Versöhnte, Erlöste ist, sie will herrschen, besitzen, Macht ausüben und ist damit selbst eine Abhängige. Um sich von ihr abzunabeln und um ihre Daseinsebene zu übersteigen, musste Rapunzel etwas tun, um aus dem Turm verstoßen zu werden. Von daher war ihr Betrug an der Hexe kein Betrug im üblichen Sinne, sondern ein Mittel, um sich von ihr zu lösen, um ihr altes, einsames Leben hinter sich lassen zu können. Also bedarf es keiner Gedanken darüber, ob ihr Handeln schändlich oder unmoralisch war. Es war ein notwendiger Schritt auf dem Weg zur eigenen Individuation und Souveränität.

Ein wichtiges natürliches Gesetz, das für uns alle gilt, wird hier sozusagen intuitiv in Handlung umgesetzt: Wenn wir uns paaren wollen, müssen wir uns aus dem Nest befreien. Wir müssen uns auf den Weg machen und die Zelte abbrechen. So lautet auch die Botschaft des Märchens: Nur der Entwurzelte findet seine eigene Krone.

Aus der Sicht der Hexe könnte man aber ihre Handlung auch noch anders verstehen. Als Patin und Beschützerin der Erziehung Rapunzels hat sie sich verpflichtet, Verantwortung für sie zu übernehmen. Sie fühlt sich nun hintergangen, weil Rapunzel ihr Vertrauen gebrochen hat. In ihren Augen ist Rapunzel der Versuchung verfrühter Liebe erlegen, ohne ihre Lehrjahre im Turm wirklich abgeschlossen zu haben. Sie hat nicht gewartet, bis sich der Turm zur rechten Zeit von selbst öffnet, weil die Zeit reif ist, sondern hat eigenmächtig ihre Lehrjahre beziehungsweise ihre Probezeit abgebrochen, ohne den Abschied oder die Ablösung von ihrer Lehrmeisterin vorzubereiten, um gemeinsam mit ihr die damit verbundenen Schmerzen und Ablösungsängste durchzustehen. In diesem Sinn erhalten die zornigen Worte der Hexe nicht nur die Bedeutung persönlicher Betroffenheit, sondern darüber hinaus auch den Vorwurf des Verrats an einem Erziehungs- oder Lehrplan, der durch unreife Emotionen vereitelt wurde. Eine Abkürzung, für die das Schicksal sich nun rächt.

Es stellt sich ja wirklich die Frage, ob Rapunzel nicht wirklich zu voreilig, sozusagen beim ersten Anklopfen des Geschlechts nachgab, oder es womöglich versehentlich provoziert hat. Die Weintrinker würden sagen: Rapunzel war bereits berauscht, bevor sie auch nur vom Hörensagen wusste, dass es verschiedene Weinsorten gibt. Aber ist es nicht ein Vorrecht junger Menschen, diese dionysischen Kräfte an der Schwelle zum Rausch leben zu dürfen? Taumeln wir nicht noch im Alter in der Vergegenwärtigung jener Zeit sehnsuchtsvoll in ihnen? Weiter möchte ich fragen: Wie hätte Rapunzel der Gefangenschaft der Zauberin entkommen können? Sicher wäre es wünschenswert gewesen, wenn sie sich mit Unterstützung ihres Geliebten um eine klärende Aussprache und Auseinandersetzung mit der Hexe bemüht hätte. Aber solch ein wohlbedachtes Vorgehen scheiterte an der berechtigten Angst vor der Zauberin, die, wie wir zu Beginn des Märchens hörten, große Macht besaß und gefürchtet war. Rapunzel muss massive Ängste vor ihrer Herrin empfunden haben, denn auch ihre Beziehung zum Königssohn war nicht etwa durch Schuldgefühle ihm gegenüber, sondern durch die ständige Angst, von ihrer Turmwächterin entdeckt zu werden, überschattet. Wie konnte sie sich angesichts der Ausschließlichkeitsansprüche und der Fesseln der Abhängigkeit anders wehren als durch Flucht oder Heimlichkeit? Wusste sie nicht instinktiv, dass ihre Herrin sie brauchte und alles daran setzen würde, alles, was ihre Alleinherrschaft in Frage stellen würde, zu verhindern? Wäre sie je entlassen worden, wenn sie nicht selbst instinktiv gespürt hätte, dass sie »Schluss machen« musste, um den Fängen des nun eng gewordenen Turmes zu entkommen, dass sie die Trennung betreiben und sich auf den Weg machen musste? Finden wir hier nicht bestätigt, dass junge Menschen, die im Begriff sind, die Konturen ihres Weges zu finden, eine Art Freibrief brauchen, um mit der Überfülle von Gefühlen und Empfindungen fertig zu werden, die über sie hereinbrechen? Wirkt sich nicht gerade die übertriebene Kompromisslosigkeit und Sorge mancher Erzieher als Fehler aus, der Rebellionen und Provokationen auf fatale Weise beschleunigt? Vielleicht wollte die Hexe Rapunzel Wunden, Irrtümer und Umwege ersparen, aber gibt es einen schlimmeren Fehler als den, einem Kind, das wir zu lieben glauben, das Leben ersparen zu wollen?

Im Niemandsland

Und sie war so unbarmherzig, dass sie die arme Rapunzel in eine Wüstenei brachte, wo sie in großem Jammer und Elend leben musste.

Rapunzel wird in die Wüste verstoßen und steht vor dem Nichts. Die Hexe ist als »Göttin« gestürzt worden, aber nicht nur das, sie ist auch ihre Tochter losgeworden. Von dieser Befreiung spricht auch die Bibel, wenn sie sagt: »Du wirst Vater und Mutter verlassen ...« Aber auch die Umkehrung dieses Satzes ist wichtig, auch die Eltern müssen ihre Kinder loslassen, damit ihr Platz frei wird für deren eigenständigen Bezug zum Leben. Das ist der natürliche Fluss seelischer Verwandlung und das Generalthema jedweden Lebensweges, die Spannung zwischen Halten und Loslassen, zwischen Wurzeln schlagen und Entwurzelung, die unsere Energien in immer neuen Zyklen wandelt. Denken wir an das Bild vom Garten der Zauberin, es entspricht dem Bild vom seelischen Wachstum: Man darf ihn genießen, aber man darf nichts mitnehmen.

Rapunzel konnte nicht wissen, dass die Verstoßung in die Wüste eines der förderlichsten Hindernisse oder ein notwendiger Katalysator für ihr Leben werden sollte, ein Schock, der sie wachrüttelte, der ihr den Boden bereitete, eine erwachsene Frau zu werden, die mit beiden Füßen auf dem Boden steht. Durch diesen radikalen Bruch wird die einstmals wichtige Begleiterin nun zur negativen Muttergestalt voller Rachsucht. Sie konfrontiert Rapunzel mit der dunklen Seite des Lebens, mit der Einsicht, dass das mütterliche, Leben gebärende Element auch lebensbehindernd, ja sogar tödlich sein kann, und zwingt sie zur Auseinandersetzung mit den Abgründen des Lebens, mit dem Scheitern und der unheimlichen Angst vor Entwicklung. Für Rapunzels Weg ist dies eine wichtige Lektion, die sie dazu zwingt, die Schattenseiten des Lebens integrieren zu lernen, denn bisher hat sie, umgeben von den Mauern des Turmes, vor allem die helle, himmlische, geschützte Seite des Lebens erfahren. Rapunzel muss erleben, dass es auch das Böse gibt. Die Gefahren, Schliche und Tricks der eigenen Gattung zu durchschauen bedeutet, dass sie Verletzungen nicht mehr so schutzlos ausgeliefert sein wird. Erst in der Auseinandersetzung mit dem Bösen und der Angst entscheidet sich, was sich durchsetzen, was am Leben bleiben kann und sich weiterentwickeln lässt.

Die erste Geburt gab Rapunzel das natürliche Leben aus dem Schoß ihrer Mutter und der Natur. Nun folgt ihre zweite »Geburt«, die mit viel Schmerzen und Verlassenheit vonstatten geht, bedeutet sie doch die Verbannung in die Wüste und damit eine radikale Entwurzelung, einen Sprung ins Ungewisse, was einem symbolischen Sterben gleicht. Am Ende erfahren wir, dass sie als ein neuer Mensch daraus hervorgeht. Aber zunächst muss sie »die Hexe töten« und ihren Weg allein finden, ohne Kompass und ohne Leitfigur, die ihr den Weg durch die Öde und Depression zeigen. Sie befindet sich im Niemandsland, im »ellilendi« oder Ausland, abgeschnitten im vollen Sinn des Wortes, abgeschnitten von ihrem Mädchenzopf, der sie mit der Zauberin verband, abgeschnitten von dem, was sie bisher wusste, einsam und verloren im Abgrund der Trennung. Vor kurzem noch war sie ein behütetes »Turmmädchen«, nun ist sie Emigrantin, Fremde, die sich wie alle anderen auf dem harten Boden zurechtfinden muss. Entwurzelt aus ihrer kleinen beschützten Welt, muss ihr in der Logik der Angst die ganze Welt fremd und wie eine Wüstenei vorkommen. Bisher war ihre Welt – die Eltern und die Kräuterfrau – auf sie bezogen, nun muss sie selbst ein neues Verhältnis zur Welt herstellen, was ja zunächst einmal bedeutet, die Fremdheit, die sie umgibt, auszuhalten und sich dieser Aufgabe, die das Leiden ihr nun stellt, nicht zu entziehen. Hier kann nur der Entschluss helfen, sich dieses fremde Land zur neuen Heimat zu machen.

Der Weg in die Wüste ist aber auch der Weg zu einem bestimmten Wissen. Rapunzel wird gezwungen, ein eigenes Bewusstsein zu entwickeln und den eigenen Fähigkeiten ihrer Seele zu vertrauen. Ein Urthema für Frauen, deren schlummerndes Bewusstsein erst dann richtig zur Entfaltung kommen kann, wenn sie durch einen Schock, Krankheit oder Schicksalsschlag wachgerüttelt werden. Jemand fügt uns Übles zu, verlässt oder bestraft uns, oder wir werden krank und finden uns schließlich auf einer höheren Stufe der Erkenntnis und der Reife wieder – einer Art »zweiten Gesundheit«. Jeder von uns muss solche Stufen der Entwicklung durchlaufen, bis wir zu dem gelangen, was uns eigen ist, was uns niemand mehr wegnehmen oder stehlen kann. Das muss nicht immer um Leben oder Tod gehen. Es kann beispielsweise darin bestehen, dass wir zu verstehen beginnen, was es heißt, »Lebenszeit« zu haben, und dazu führen, dass wir uns nicht mehr Zeit stehlen lassen oder uns für Dinge verausgaben, die unser seelisches Konto überziehen. Das kann auch heißen, dass wir uns mit einer Krankheit einrichten, mit unseren bunten Apothekenschränken, unseren Gewohnheiten, Ritualen, Stilen. Kurz: uns selbst gewinnen.

Rapunzel musste »abgeschnitten« werden, um mit sich selbst eins zu werden. Sie muss nun ihr eigenes seelisches Land fruchtbar machen. Das heißt: die eigenen schöpferischen Kräfte entdecken und vertrauen lernen in die Kraftquellen des Daseins. Genau das geschieht in der Wüste. Ihre Fähigkeit, sich mit Leib und Seele einer Aufgabe hinzugeben, liefert ihr die Mittel dazu. Neues Leben keimt in ihr, sie ist schwanger geworden und bringt in der Wüste ihre beiden Kinder zur Welt – ein Mädchen und einen Knaben. Sie überwindet das unfruchtbare Element, das die Wüste wohl darstellen soll, und schenkt gleich zwei Kindern das Leben. Hier finden wir auch die Bestätigung, dass die Wirkung der kreuzförmigen Zwiefachpflanze in Erfüllung geht. Der Segen der Kräuterfrau hat seine Früchte getragen, denn Rapunzels doppelte Mutterschaft ist eine deutliche Bejahung dieser Polarität. Aus dieser Sicht erhält das Bild der Wüstenei noch eine weitere Bedeutung. Man könnte sie als die für den Mann fremde und andersartige Welt der Frau mit ihrem Kind begreifen, eine Welt, die ein Mann immer nur von außen sehen und begreifen, doch in ihrer Tiefe niemals ganz ausloten und erfassen kann.

Das Bild von der Mutter mit zwei Kindern ist ein sehr gängiges christliches Symbol für die Caritas – die Liebe und die Hingabe. Bei Rapunzel ist dieses Bild noch überhöht, sie gebiert ein zweigeschlechtliches Zwillingspaar. Dies könnte darauf hindeuten, dass es sich um zwei gegensätzliche und doch untrennbare Urkräfte handelt, die über ihre Persönlichkeit hinausweisen – vielleicht Sonne und Mond. Von alters her werden Zwillingspaaren übernatürliche Kräfte nachgesagt. Übertragen wir dies auf Rapunzel, so ließe sich sagen, dass es ihre Aufgabe sein wird, beide Seiten, die männliche und die weibliche, in sich zu entwickeln, um Zugang zu ihrer gesamten Urkraft zu erhalten.

Das Thema der weiblichen Zwiefachnatur, das in diesem Märchen immer wieder anklingt, ist zeitlos und offenbar eines der wichtigsten Lernfelder für Frauen. Wir müssen unsere Doppelnatur entwickeln und pflegen. Dazu brauchen wir beides, unsere weibliche Ausdrucksstärke und unser Steh- und Durchsetzungsvermögen. Zwillingskinder aufzuziehen bedarf besonderer Ausgewogenheit. Wird ein Kind bevorzugt, so rächt sich das andere. Analog hierzu: Pflegen oder bevorzugen wir nur eine Seite unseres Wesens und unterdrücken die andere, so bleiben wir unausgewogen, zerbrechlich, vernachlässigt – halb. Ohne diese tiefe Auslotung der eigenen Doppelnatur ist keine Beziehung zu einem Gegenüber möglich, sie ist sozusagen die Voraussetzung dafür. Wie so vieles in der Natur, sind auch diese beiden Seiten von Frau zu Frau verschieden. Wenn wir bereit sind, »in die Wüste zu gehen«, uns zu entwurzeln und von ausgetretenen Pfaden und Konventionen zu lösen, und nach dem zu fragen beginnen, was uns eigen ist, enthüllt sich die verborgene Bedeutung und der Zusammenhang hinter aller Gegensätzlichkeit. Die Chemie, die diese Wüstenwanderung bestimmt, besteht aus mehreren Elementen: Handeln, Leiden, Wissen und Eigenständigkeit. Aus dem Spiel dieser Elemente, ihrer Verbindungen, Dosierungen, Mischungen und Antagonismen entwickelt sich unser Schicksal, unsere Krisen, unser Scheitern und unsere Erfüllung.

Zeit des Leidens

Den selben Tag aber, wo sie Rapunzel verstoßen hatte, machte abends die Zauberin die abgeschnittenen Flechten oben am Fensterhaken fest, und als der Königssohn kam und rief:

*»Rapunzel, Rapunzel,
lass dein Haar herunter«,*

so ließ sie die Haare hinab. Der Königssohn stieg hinauf, aber er fand oben nicht seine geliebte Rapunzel, sondern die Zauberin, die ihn mit bösen und giftigen Blicken ansah. »Aha«, rief sie höhnisch, »du willst die Frau Liebste holen, aber der schöne Vogel sitzt nicht mehr im Nest und singt nicht mehr; die Katze hat ihn geholt und wird dir auch noch die Augen auskratzen. Für dich ist Rapunzel verloren, du wirst sie nie wieder erblicken.« Der Königssohn geriet außer sich vor Schmerz, und in der Verzweiflung sprang er vom Turm herab: das Leben brachte er davon, aber die Dornen, in die er fiel, zerstachen ihm die Augen. Da irrte er blindlings im Wald umher, aß nichts als Wurzeln und Beeren und tat nichts als jammern und weinen über den Verlust seiner liebsten Frau. So wanderte er einige Jahre im Elend umher ...

Auch dem Prinzen wiederfährt Gewaltsames, gewissermaßen die Begegnung mit dem Abgrund. Noch krasser als Rapunzels Vater erfährt er die Kehrseite der Liebe:

das Antlitz des Grauens. Er tappt regelrecht in die Falle, denn er hatte eine Liebesnacht erwartet und wird nun statt dessen von der giftigen Hexe in Empfang genommen. Eine böse Überraschung, die ihn sprachlos macht. Er wagt es weder, sich zu wehren, noch gelingt es ihm, glimpflich davonzukommen. Er rettet sich durch einen Absprung in die Tiefe und landet verletzt und mit zerstochenen Augen von den Dornen des Gestrüpps auf der Erde. Auch er ist, wie Rapunzels Vater, von seiner dunklen, weiblichen Seite abgespalten und kann daher der tragischen Begegnung mit dem Zwiespältigen, Gegensätzlichen, das ja auch Teil seiner geliebten Rapunzel ist, nicht standhalten. Es zieht ihn in den Abgrund, weil er nun die idealen Gefühlsqualitäten und Bilder, die er auf seine Geliebte projizierte, zurücknehmen muss. Ein äußerst schmerzlicher Vorgang, der sein Weltbild derart erschüttert, dass er außer sich gerät vor Schmerz und fast den Verstand verliert. Im Märchen verliert er sein Augenlicht, die Welt, wie sie für ihn bisher war, taucht ins Dunkle. Er verliert den Überblick, die Aussichten seiner rationalen »Sicht«-Weisen. Er ist geblendet und muss sich nun ganz nach innen wenden. Er kann nicht mehr in äußere Aktivitäten fliehen, sondern muss sich der inneren Dunkelheit stellen. Vielleicht kann man sagen, er wird gezwungen, nach innen zu schauen, um seine eigenen inneren Werte zu entdecken. Um der Seele ansichtig zu werden, bedarf es nicht der Augen, sondern des Schauens. Ein Schauen, das nicht auf die äußere Welt gerichtet ist, sondern nach innen gewandt wird, auf die inneren Bilder der Seele. Dies ist sicher auch der tiefe Grund, weshalb mythische Sänger wie beispielsweise Homer blind vorgestellt wurden. In der Blindheit konnten sie ihre Seele öffnen und zum Klingen bringen.

Blindsein und Blendung als Zeichen der Unreife enthalten im Märchen immer auch die Möglichkeit und Notwendigkeit einer Wandlung und Weiterentwicklung. Das Motiv von Blendung finden wir übrigens in vielen Kinderspielen, wie zum Beispiel »Blinde Kuh« oder das in vielen Varianten gespielte »Junge sucht ein Mädchen mit verbundenen Augen«. Bei diesen Spielen geht es immer auch um den Beweis von Mut, um das Durchhalten, um das Vertrauen in die eigenen Instinkte. Ähnlich in diesem Märchen, wo es sich nun auch erweisen wird, ob er sein Treueversprechen einlösen wird.

Für ihn, wie vorher auch für Rapunzel, bedeutet die Landung auf dem harten Boden der Realität etwas Einschneidendes, ein radikales Ausgeliefert- und Überwältigtsein, Ohnmacht und Schmerz. Auch er ist isoliert, abgeschnitten und muss durch eine harte Prüfungszeit gehen, die ihn aus seiner kindlichen Naivität und Blindheit herausreißt und sehend macht für die Welt mit ihren Gegensätzlichkeiten. Die Waldwildnis dient dieser Umwandlung, wobei man die Blindheit als eine Art Regression, eine Rückkehr in den Leib der Natur verstehen kann, aus dem heraus er als neuer Mensch erwachen soll. Was ihm bisher verschlossen blieb, wofür er keine Augen hatte, seine Unreife und Ahnungslosigkeit, widerfährt ihm sozusagen wie von außen her, auf der körperlichen Ebene. Was innerlich war, wird nach außen gestülpt. Er ist ein Verletzter und erlebt seinen Schmerz, seine angeschlagene, bedrohte Existenz. Es bleibt ihm nur, sich durch die Wildnis des Waldes zu tasten. Damit ist er wie auch Rapunzel völlig auf sich selbst gestellt und dadurch ganz bei sich, kein Schutzwall, keine Sicherung umgeben ihn. Ein Stern unter anderen Sternen in der uferlosen Dunkelheit der Nacht.

Sowohl der Königssohn als auch Rapunzel sind gezwungen, ihre große Prüfung, ihre »Freierprobe« nachzuholen, deren Fehlen ihnen zum Verhängnis wurde. Wandlung ist nur möglich durch Entzug, Sich-Befreien, Schmerz und Mühe. Diese Erkenntnis ist in unserer Zeit, die uns mit mühelosen Heilsangeboten, schnell erlernbaren Techniken und verführerischen Käufen geradezu überschwemmt, besonders aktuell. Ohne Aktivierung der Eigenkräfte, ohne Krisen und Anstrengung findet keine wirklich tiefgreifende Veränderung und Befreiung des Menschen statt. So lehren uns die Märchen. Die Bewahrheitung eines erwachsenen Lebensentwurfs muss sich durch das Leiden am eigenen Leib ereignen, nicht durch die Vermittlung von Bildern, Techniken, Vorstellungen, Grübeleien und Philosophieren. Sie muss am eigenen Leib erlebt, erfahren und durchlitten werden. Ein Mensch, der nicht gelitten hat, was weiß er von dem Kummer der anderen? Nur wer selbst in den Abgrund geschaut hat, weiß um den behutsamen Umgang mit den Reichtümern des Lebens, nur wer selbst Liebe verloren hat, weiß Liebe zu zeigen. Und weil das Leiden uns mitfühlender macht, macht es uns reicher. Es ist eine Armut, nie gelitten zu haben.

Beide müssen eine Zeitlang durch Prüfungen und Widerwärtigkeiten gehen. Hier wird sogar von Jahren gesprochen. So als wollte uns das Märchen sagen, bei schweren Schicksalsschlägen genügen Einsicht und Übung nicht. Sie bedürfen eines unschätzbaren Verbündeten: der Zeit. Der Zeitbegriff »Jahre« mag wohl dafür stehen, dass es sich um ein langsames, inneres Wachstum handelt, wo äußerlich nicht viel Spektakuläres geschieht, dafür aber Entbehrungen und Kämpfe innerlich durchgestanden werden müssen. Beide werden von ihren Versorgungsquellen abgeschnitten und müssen lernen, in extrem schwierigen Umweltverhältnissen für sich selbst zu sorgen. Ihr Schicksal entscheidet sich in seinen Reaktionen auf diese Gefahren. Alles hängt für sie davon ab, wie sie sich mit den Kräften der Natur verbünden, wie sie ihren Erfindungsreichtum, ihre Kraftreserven und ihre Durchhaltekraft einsetzen, um aus dieser harten Zeit einen Gewinn für sich zu ziehen.

Beide reagieren mit Verzweiflung und Hoffnungslosigkeit auf diese unfreiwillige Enklave. Sie fühlen sich verstümmelt, nur noch »halb« und rebellieren mit Anklage und

Depression. Statt aktiv etwas zu unternehmen, verfallen beide erst einmal in den lauten Schmerz. Gegen diesen ersten Schmerz gibt es keine Hilfe, da bleibt nur »Jammern und Klagen«, denn beide sind zutiefst in ihren Grundfesten erschüttert worden. Beide haben das Vertrauen und die Hoffnung in die eigenen Möglichkeiten und Kompetenzen verloren, so dass sie zunächst außerstande sind, aktiv nach dem anderen zu suchen. Worin könnte der Sinn solchen Leidens bestehen? Weshalb musste es gerade die beiden so hart treffen? Bei solchen Fragen ist man geneigt, auf Volksweisheiten zurückzugreifen, enthalten sie doch alltagspraktisches Wissen, das etwas Tröstliches vermittelt. Menschen, denen das Schicksal die Schule des Leidens vorenthält, verfetten – so würden die Landwirte sagen. Ständige Gunst des Lebens legt unsere schöpferischen Kräfte lahm und untergräbt die Lebendigkeit unserer Wurzeln. Leid bewahrt uns vor Einseitigkeit und lehrt uns umzukehren. Immer wieder hört man den Satz: »Leid härtet ab.« Ich glaube, dass das Leiden noch viel mehr vermag. Es vertieft und erweitert unsere innere Kraft. Wir wachsen an unseren Widerständen. Nietzsche hat das treffend zum Ausdruck gebracht: »Ich zweifle, ob ein solcher Schmerz uns verbessert, aber ich weiß, dass er uns vertieft.«

In dieser Zeit des Leidens geschieht bei unserem Paar einiges an innerem Wachstum und Reifung. Schon allein die Tatsache, dass der Königssohn sich nur von Wurzeln und Beeren des Waldes ernährt und dennoch am Leben bleibt, zeigt, dass er Kräfte aus tieferen Quellen als den Triebkräften seines Körpers bezieht. Seinen Reserven und seinem Umgang mit dem Angebot der Natur verdankt er sein Überleben. Energien, die er bisher nicht benutzte, die aus dem reinen Sein stammen. So wird das Herumirren in der Wildnis auch zu einem Erkunden seiner eigenen männlichen Urnatur, um das zu werden, was er Rapunzel schon bei den ersten Begegnungen im Turm versprochen hat – ihr Mann.

Auch Rapunzel ist nicht mehr das abhängige, hilflose Mädchen, mit der die erste Vereinigung stattgefunden hat. Sie hat sich selbst auf den Weg gemacht. Sie hat den Mut, auf sich selbst gestellt zu sein, mit eigenen Händen ins Leben zu greifen, auf eigenen Beinen zu stehen, mit eigenen Augen zu sehen, mit eigenen Ohren zu vernehmen und Gefühle zu empfinden. Sie trägt die »weiße Feder« der Freiheit, schon immer ein Kennzeichen der Heldin in sämtlichen Gesellschaften, und ist zur Frau und Mutter geworden. Ihr Lebensraum ist nun nicht mehr der Schonraum oder Kerkerraum des Turmes, in dem sie abgehoben von der Wirklichkeit lebte, sondern der konkrete Lebensraum auf der Erde, wo sie zeigen kann, dass sie »da« ist. Hier kann sie sich ausdehnen, Raum einnehmen, Lebensquell werden mit dem Kostbarsten und Bedrohtesten, was sie besitzt: ihrem Körper, ihrem Leben und ihrem Selbst.

Zweite Hochzeit – neue Verwurzelung

... und geriet endlich in die Wüstenei, wo Rapunzel mit den Zwillingen, die sie geboren hatte, einem Knaben und einem Mädchen, kümmerlich lebte. Er vernahm eine Stimme, und sie deuchte ihm so bekannt; da ging er darauf zu, und wie er herankam, erkannte ihn Rapunzel und fiel ihm um den Hals und weinte. Zwei von ihren Tränen aber benetzten seine Augen, da wurden sie wieder klar, und er konnte damit sehen wie sonst. Er führte sie in sein Reich, wo er mit Freude empfangen ward, und sie lebten noch lange glücklich und vergnügt.

Beide sind einen Weg des Alleinseins, des Suchens gegangen und begegnen sich wieder. Sie sind frei geworden vom Einfluss der Mutter, und nun beginnt die Zeit der wirklichen »Hingabe«. Es offenbart sich die wahre Dimension ihrer Beziehung, die Liebe auf den zweiten Blick, die sie nun befähigt, einander wirklich zu erkennen. Die Schleier der Unreife und der Naivität sind fortgezogen, und eine neue Wirklichkeit, frei von Abhängigkeit, erblüht zwischen den beiden. Auch an diesem Punkt erfahren wir wieder, wie Rapunzel in ihrem eigenen Körper über all die Quellen verfügt, die sie für ihre Entwicklung braucht. Mit ihrer Stimme stellte sie die Verbindung zu ihm her, und mit ihren Tränen kann sie ihn wieder sehend machen. Als pars pro toto vertreten ihre Tränen das Urbild heilender, mütterlicher Feuchtigkeit, die an das Fruchtwasser erinnert, sie selbst, ihre seelische Kraft der Heilung. Sie ist zur Frau geworden, die ihn mit ihrem Körper zum vollen Mannsein erweckt und wieder heil macht. Das Sich-Wiederfinden ist wie ein Wiedergeboren-Werden oder ein Wiedersehend-Werden, das durch das verbindende Prinzip der Liebe geschieht. Die Liebe ist die Bedingung dafür, dass eine Neuverwurzelung ganz anderer Art als bisher stattfinden kann. Beide haben nun ihre Füße auf der Erde und können nun ihre wahre zweite Hochzeit feiern, die dem Erlangen der Ganzheit dient. Beide sind reif geworden für die Vermählung, die Integration des Gegenpols und damit für die Herstellung des Ganzen. Die zweite Hochzeit holt ein ganz anderes Licht hervor, ein inneres, in der eigenen Kraft verwurzeltes, weil es sich von den Klauen der Vergangenheit gelöst hat.

Diesem Phänomen begegnen wir immer wieder. Wir alle heiraten sozusagen ein zweites Mal – manche auch öfter. In der Regel dient unsere erste Paarung meistens der noch unklaren Ablösung von den Eltern. Unausgetragene Konflikte, Ohnmacht, Einheitssehnsucht und ungestillte kindliche Wünsche verhindern die Abgrenzung und die neugierige Wahrnehmung des neuen Gegenübers. Erst in der nächsten Beziehung, wenn wir aufgehört haben, die gute Mutter oder den guten Vater beim anderen zu suchen, sind wir in der Lage, alle die Handicaps und Reste der vergangenen Muster hinter uns zu lassen. Erst wenn wir wirklich »eigen« sind, sind wir für die wahre Ergänzung unseres Wesens bereit.

Nicht Tod oder Vernichtung, sondern eine höhere Integration ist die Belohnung nach den überstandenen Gefahren der beiden Helden. Nachdem Held und Heldin wahrhaft zu sich selbst gefunden haben, sind sie auch der reifen Liebe fähig. Daraus können wir schließen, dass wir erst zum ganzen Menschen werden, wenn wir nicht nur zu uns selbst finden, sondern gleichzeitig auch fähig sind, miteinander wir selbst zu sein. Und so lautet die Botschaft des Märchens auch, dass es nur ein Fortkommen und Vorwärtsgehen auf unserer Lebenswanderung gibt, wenn wir immer wieder bereit sind, unsere bequemen und sicheren Nester aufzugeben, uns immer wieder zu entwurzeln und wegzugehen.

Unsere kleinen und größeren Tode zerbrechen oder zerstören uns, aber nur, um uns zu verwandeln und in Neugestaltungen aufleben zu lassen. Je tiefer wir uns auf Durchgänge und Durststrecken einlassen, desto umfassender ist die Vereinigung zwischen all den Widersprüchen und Gegensätzlichkeiten, die uns vorher in unsagbare Schmerzen und Qualen versetzt haben. Man findet sein Königreich niemals gleich. Es müssen Wege zurückgelegt, Prüfungen und Probezeiten bestanden werden. Die Integration unserer Persönlichkeitsaspekte kann nur errungen werden, wenn wir Entwicklungskrisen als etwas begreifen, was sie sind: Chancen und Herausforderung zum Wachstum. Übergänge oder Umwege, durch die wir uns ohne Abkürzungen durchkämpfen müssen. Man ist dazu auch nicht allein imstande, man braucht das vertraute Miteinander von Helfern und Lehrern, deren Unterstützung man sich sichern kann, wenn man bereit ist, ein Stück mit ihnen zu gehen. Zwei dieser Entwicklungskrisen sind wohl am schwierigsten zu bewältigen: Wer bin ich wirklich? und: Was ist mein Weg? Rapunzel gibt uns eine Antwort: Wir müssen unsere Ambivalenzen integrieren, wenn wir von ihnen nicht herumgestoßen werden wollen. Diese Integration ist aber nicht ein einmaliger Akt, sondern eine lebenslange Aufgabe in verschiedenen Formen und zu verschiedenen Zeiten. Die Geschichte der Rapunzel ist die Lebensgeschichte aller Frauen, die von ihren Berg- und Talfahrten des Lebens gewandelt und wissend zurückkehren. Eine Geschichte für Frauen, die wirklich erwachsen und eigen-sinnig werden wollen.

So endet das Märchen auch mit dem Bild einer innigen Umarmung. Jeder ist den Weg zu sich selbst gegangen und damit zu sich selbst herangereift. Nun kann das, was sie sich im Turm versprachen, gelebte Wirklichkeit werden. Das

Schöpferische, die Wahrheit des Herzens der beiden hat den Sieg davongetragen, deshalb können sie ihr eigenes Reich gründen. König und Königin im eigenen Reich zu sein bedeutet, nicht mehr abhängig und beherrscht zu sein. Nun herrschen sie selbst in ihrem eigenen Reich, wo auch die anderen sie mit Freuden empfangen. »Und sie lebten noch lange glücklich und vergnügt.« Dieser wünschenswerte Zustand will uns sagen, dass Reife und Harmonie erst dann einkehren, wenn man als »König« oder »Königin« sich selbst regiert und infolgedessen unabhängig und heiter sein kann. Die Bedingung dafür könnte man auf einen Nenner bringen: Nur wer alles verlässt, nämlich Haus, Eltern, Familie, Gruppen, Bequemlichkeiten, Gewohnheiten, wer Absage an Gehabtes leisten kann, wird auf einer höheren Ebene mit allem versöhnt sein und alles wiederfinden. Entwurzelung als kreative Erfahrung ist die Voraussetzung zum Eigen-Sein. Sie ist der Schlüssel, der uns neue Tore öffnet.

ANMERKUNGEN

1 Höhler, Gertrud, Das Glück. Analyse einer Sehnsucht. Düsseldorf, Wien 1991, 273
2 Bächtold-Stäubli, Hans (Hrsg.), Handbuch des deutschen Aberglaubens. Bd. I–X. Berlin, Leipzig 1927–1942. Nachaufl. Berlin 1987
3 Neumann, Erich, Die Große Mutter. Eine Phänomenologie der weiblichen Gestaltungen des Unbewussten. Zürich 1956
4 Treben, Maria, Gesundheit aus der Apotheke Gottes. Steyr 1980
5 Vgl. Schliephacke, Bruno P., Märchen, Seele Sinnbild. Neue Wege zu altem Wissen, 43
6 Lüthi, Max, Volksmärchen und Volkssage, Bern 1961, 79
7 Schliephacke, Bruno P., a. a. O., München 1988, 43
8 Upanishaden, Köln 1977
9 Ruf, Oskar, Die esoterische Bedeutung der Märchen, München 1992
10 Vgl. Estes, Clarissa P., Die Wolfsfrau. Von der Kraft der weiblichen Urinstinkte, München 1993
11 Tamaro, Susanna, Geh, wohin dein Herz dich trägt!, Zürich 1994

Die Deutsche Bibliothek – CIP-Einheitsaufnahme
Ein Titeldatensatz für diese Publikation ist bei
Der Deutschen Bibliothek erhältlich

Neu gestaltete Ausgabe des erstmals 1996 im Kreuz Verlag Zürich
erschienenen Titels »Rapunzel. Das Wunschkind wird verraten und
findet trotzdem sein Glück«

1 2 3 4 5   06 05 04 03 02

© Kreuz Verlag GmbH & Co. KG Stuttgart, Zürich 2002
Ein Unternehmen der Verlagsgruppe Dornier
Postfach 80 06 69, 70506 Stuttgart, Tel. 0711-78 80 30
Sie erreichen uns rund um die Uhr unter www.kreuzverlag.de
Umschlaggestaltung: Atelier Jürgen Reichert, Stuttgart
Umschlagfoto: Oswald Eckstein
Satz: de·te·pe, Aalen
Druck und Bindung: Clausen & Bosse, Leck
Die Schreibweise entspricht den Regeln
der neuen Rechtschreibung.
ISBN 3 7831 2159 0

Glück für Vaters liebste Tochter

Angela Seifert
Auch des Vaters liebste Tochter wandelt sich zur Frau
136 Seiten, Paperback
ISBN 3 7831 1943 X

Wenn Sie einst Vaters Liebling waren, finden Sie es heute vielleicht besonders schwierig, Ihren Platz als Frau zu finden. Angela Seifert klärt auf, woran das liegen kann, und zeigt Ihnen den Weg zu Ihrer weiblichen Identität.

KREUZ: Was Menschen bewegt.
www.kreuzverlag.de

Nie mehr Aschenputtel!

Hildegunde Wöller
Wie aus der Ungeliebten die Auserwählte wird
128 Seiten, Paperback
ISBN 3 7831 1945 6

Viele Frauen fühlen sich ungeliebt, unverstanden und ausgenutzt. Hildegunde Wöller zeigt hier anhand des Märchens Aschenputtel, wie Sie auch ohne Märchenprinz diese undankbare Rolle abstreifen können und ins Reich Ihres eigenen Lebens finden.

KREUZ: Was Menschen bewegt.
www.kreuzverlag.de